Original en couleur

NF Z 43-120-b

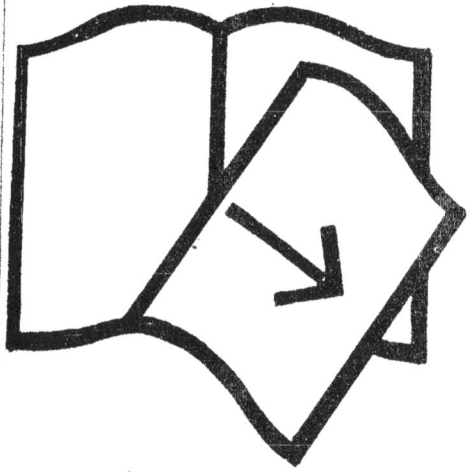

Couverture supérieure manquante

A LA MÊME LIBRAIRIE

314. — Paris. — Imp. Georges GUILLOIS, 3, rue Madame.

ANGO LE DIEPPOIS

ANGO

LE DIEPPOIS

PAR

ERNEST CAPENDU

PARIS

LIBRAIRIE CH. DELAGRAVE

15, RUE SOUFFLOT, 15

1885

ANGO LE DIEPPOIS

I

Dieppe, l'aristocratique ville des bains, le rendez-vous des plaisirs de bon goût et le point de réunion de notre société de Paris et de la société de Londres ; Dieppe, si calme et si tranquille aujourd'hui, était jadis la ville remuante, industrielle, agitée, maritime par excellence et guerroyante s'il en fut.

A quelle époque remonte l'origine de Dieppe? Il y a grande incertitude à cet égard. Des fouilles pratiquées avec intelligence durant ces dernières années ont démontré que les Ro-

1

mains avaient eu, lors de leur domination, quelque établissement près de Dieppe, mais la ville de Dieppe existait-elle alors?

Les traditions disent que, vers la fin du huitième siècle, Charlemagne, afin de protéger la baie du Mont-de-Caux contre les attaques des hommes du Nord, fit construire un château près d'un réduit de pêcheurs dont les cabanes s'élevaient sur la rive gauche d'une petite rivière nommée la *Deep*, d'un mot danois signifiant *profond*.

D'autres pêcheurs vinrent se mettre sous l'abri du fort, et on donna à cette réunion d'habitations nombreuses le nom de la rivière qui l'arrosait : *Deep*, d'où est venu *Dieppe*.

C'est au commencement du onzième siècle que cette dénomination fut officiellement consacrée ; car une charte, à la date de 1030, fait don aux religieux de l'abbaye de Sainte-Catherine-les-Rouen de cinq salines dépendant du *port de Dieppe*, et elle ajoute, à ces cinq salines, cinq cabanes habitées par des pêcheurs qui doivent fournir à l'abbaye une redevance annuelle de cinq mille harengs saurs.

Cependant Dieppe n'avait pas alors une grande importance : car Odéric Vital, en parlant dans ses chroniques du second voyage de Guillaume le Conquérant en Angleterre, dit que le duc se rendit à l'embouchure de la rivière de Dieppe *au delà de la ville d'Arques.*

Nulle mention n'est donc faite sur la ville de Dieppe, à moins que (certains historiens l'affirment) ce nom de ville d'Arques ne fût donné alors à Dieppe même.

Ce qui est certain, c'est que les rapports fréquents qui s'établirent entre la Normandie et l'Angleterre, après l'expédition de Guillaume le Conquérant et pendant ses nombreux voyages, durent accroître, dans de grandes proportions, l'importance de Dieppe.

Dieppe, à la fin du douzième siècle, était l'une des villes les plus renommées de la Normandie.

Ce fut à cette époque que la guerre éclata, furieuse, entre Philippe-Auguste et Richard Cœur de lion. En l'an de grâce 1195, le roi de France arriva inopinément, avec son armée, mettre le siège devant Dieppe, alors soumise à l'Angleterre. Il la prit, la saccagea de fond en

comble, brûla tous les vaisseaux et toutes les
barques de pêche, et emmena captifs les plus
riches habitants.

Il fallut un siècle entier à Dieppe pour réparer ses désastres et sortir de ses cendres.

Conquise par la France, elle fut imposée par
le roi Philippe le Bel à équiper, aux frais de ses
habitants, une flotte de quarante-cinq nefs ar-
mées. Dieppe recommençait alors à prospérer
et elle obéit facilement à l'ordre du roi.

Trente ans plus tard, Philippe de Valois,
comprenant l'importance de ce port, tourna sa
faveur et ses libéralités sur Dieppe ; car son ar-
dent désir était d'opérer un débarquement en
Angleterre.

La population hardie et aventureuse des marins dieppois accueillit avec enthousiasme cette
pensée de vengeance contre des ennemis qu'elle
haïssait, et, au retour de l'audacieuse entre-
prise dirigée avec succès sur Southampton, les
Dieppois reçurent pour récompense des lettres
patentes qui supprimaient en leur faveur le droit
de gabelle, et leur accordaient plusieurs autres
exemptions fiscales.

L'église Saint-Jacques, à Dieppe.

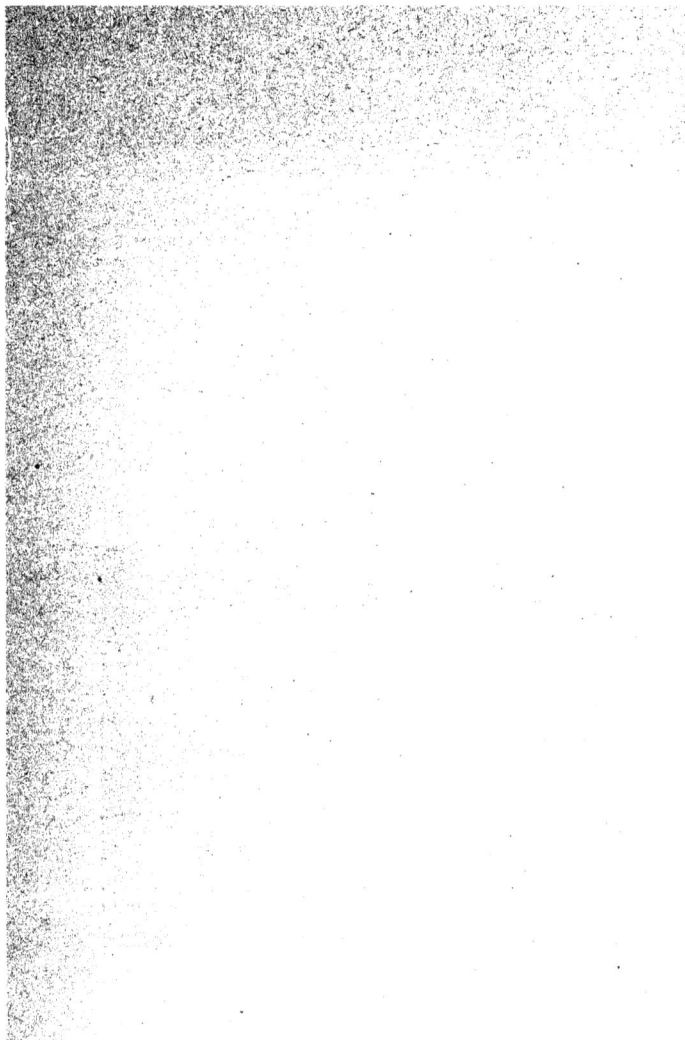

Les habitants, plus riches, agrandirent alors considérablement leur ville et ils commencèrent à la fortifier. Des marins côtiers, humbles pêcheurs, armèrent de grandes nefs et devinrent subitement des navigateurs au long cours. Ainsi, il est constaté qu'en 1364, pendant la première année du règne de Charles V, les marins de Dieppe allaient chercher en Guinée l'ivoire et les épices.

Ce fut au retour de l'une de ces expéditions que deux cents nefs normandes s'emparèrent, dans la traversée, de tous les navires anglais qu'elles rencontrèrent. Malheureusement, soixante navires de guerre, qu'Édouard avait armés pour la Palestine, furent mis à la poursuite des hardis vainqueurs.

La flotte anglaise atteignit les Normands à la hauteur de la Rochelle, et les nefs dieppoises, surchargées de vivres et de butin, ne purent lutter : la plupart furent coulées ou prises.

Ce fut depuis ce combat que les hostilités prirent, entre l'Angleterre et la Normandie, un caractère de haine que rien ne put éteindre.

Le roi Charles V combla de marques de sa

munificence et d'immunités cette ville maritime,
qu'il voulait faire plus grande encore, et dont le
nouveau mouvement commercial d'outre-mer
augmentait chaque jour la richesse.

Malheureusement la guerre ne cessait pas
entre la France et l'Angleterre, et les calamités
de cette guerre vinrent arrêter dans sa marche
la puissance progressive de la cité normande.

En l'an de disgrâce 1418, dans la vingt-
huitième année du règne de Charles VI, Henri V,
roi d'Angleterre, s'empara de toute la Normandie. Dieppe fit une résistance opiniâtre et
longue, mais elle succomba.

Furieux contre cette ville qui leur avait été si
longtemps soumise, les conquérants traitèrent
leur conquête en ville rebelle, et, pour se ven-
ger de l'attachement dévoué dont elle avait fait
preuve envers la France, ils lui firent subir
toutes les rigueurs d'une tyrannie d'autant plus
grande qu'ils se sentaient mal affermis dans leur
ancienne possession.

Les Dieppois, ne pouvant plus lutter ouver-
tement, luttaient sourdement. Ils n'avaient
qu'une passion, qu'un désir : chasser les An-

glais et reconquérir leur liberté. Mais les Anglais, après avoir conquis la Normandie entière,
marchaient sur Paris et sur Orléans, toujours
victorieux.

Il y avait dix-sept ans que Dieppe souffrait
l'oppression de ses tyrans, quand Charles Desmarets, qui avait eu la patience d'attendre l'instant favorable, se résolut à tenter un coup.

Ce Charles Desmarets, de famille dieppoise,
avait été jadis capitaine de la ville pour le roi
de France, et, depuis la conquête, il avait vécu
retiré dans les environs, n'appelant jamais l'attention sur lui, mais gardant des relations se-
crètes avec les principaux habitants capables
d'agir.

Une nuit de l'année 1435, Desmarets pénétra
dans la ville. Tous les bourgeois, tous les matelots, tous les pêcheurs étaient prévenus et tous
étaient armés.

A un signal, tous s'élancèrent à la fois dans
les directions indiquées. La garnison, surprise
et enveloppée, ne put offrir de résistance. Tous
ceux qui ne furent pas tués furent faits pri-
sonniers.

Desmarets, victorieux, reprit le commandement de la ville avec la ferme résolution de ne
plus la laisser reprendre.

Outrés de la perte d'un port de cette importance, pour eux surtout, les Anglais tentèrent
tout pour s'en emparer une troisième fois. Le
capitaine Talbot, de célèbre mémoire, vint,
avec une armée, mettre le siège devant la ville
reconquise par ses habitants.

Les Anglais attaquèrent avec fureur, mais les
Dieppois se défendirent en gens résolus à vaincre. Le siège dura longtemps, et Talbot fut
enfin contraint à se retirer. Seulement, auparavant, il fit construire sur la falaise un fort en
bois dans lequel il laissa une grosse garnison.
Puis il partit pour l'Angleterre, avec l'intention
de revenir avec une flotte pour bloquer Dieppe
par mer.

Les Dieppois envoyèrent une députation au
roi Charles VII, afin de lui demander aide et protection.

Charles VII, grâce à la valeur de ses soldats et à l'héroïsme de Jeanne d'Arc et de ses
officiers, avait reconquis déjà une partie de son

royaume, et les Anglais perdaient pied chaque
jour.

Le Dauphin, depuis Louis XI, fut chargé
d'aller défendre Dieppe. Il attaqua bravement
le fort qui dominait la ville, et comme ses soldats, repoussés dans un premier assaut, recu-
laient découragés, Louis saisit de ses mains une
échelle, il l'appliqua contre la muraille et il
monta intrépidement.

Aussitôt, de toutes parts, soldats et capitaines
revinrent à l'assaut : le fort fut emporté.

Cet événement fit grand honneur au Dauphin
Louis, et quand, vingt ans après, il entra, roi
de France, dans Paris après son sacre, il vit, au
milieu de la fête, une représentation théâtrale
où était figuré l'asaut du fort de Dieppe, « et,
quand le roy passa — dit un chroniqueur du
temps[1] — il s'y livra merveilleux assauts de
gens du roy à l'entour des Anglais étant dedans
la dite bastille, qui furent pris et gagnés, et
eurent tous leurs gorges coupées ».

En souvenir de cette délivrance qui eut lieu

1. Amelgard, *Notices*, t. Ier, p. 149.

le 14 août, veille de l'Assomption, on célébra
jusqu'au milieu du dix-septième siècle une fête
annuelle en faveur de la Vierge. On choisissait
la plus belle fille de Dieppe pour représenter le
personnage de Marie. Portée par douze apôtres,
elle entrait dans l'église. Au fond du chœur, on
construisait un échafaudage où des statues de
bois, mues par des ressorts, figuraient le Père
éternel et les anges au milieu des nuages. Deux
anges portaient la Vierge jusqu'au Père éternel,
qui lui donnait sa bénédiction. Les nuages se
refermaient sur elle.

Pendant toute cette cérémonie, un bouffon,
qu'on appelait du nom de Gringalet, allait, venait, courait, plaisantait, raillait, adressait à la
Vierge et même à Dieu de très singulières pas-
quinades [1].

Cette délivrance de Dieppe fut la dernière. A
partir de la nuit où Charles Desmarets chassa
les Anglais, jamais Dieppe ne cessa d'être ville
française.

1. En 1647, cette pieuse farce fut représentée devant
Louis XIV enfant et devant sa mère : ces bouffonneries,
que la naïveté des temps n'excusait plus, choquèrent la
piété de la reine régente et elles furent désormais abolies.

En 1450, la Normandie entière était réunie à la France. La bataille de Formigny, où les Anglais furent défaits, acheva le triomphe de Charles VII.

« Cette malheureuse province avait beaucoup souffert, » dit encore Amelgard.

Effectivement l'historien contemporain nous apprend que les partisans du roi n'exerçaient pas moins de cruautés et de brigandages que les troupes anglaises. Il ajoute que les soldats de Charles VII voyaient avec douleur les villes et les bourgs de la Normandie rentrer d'eux-mêmes sous la domination du roi, parce que cette reddition spontanée leur ôtait l'espérance et les moyens de s'enrichir par le pillage.

Dieppe, libre et française, vit s'ouvrir devant elle une nouvelle ère de prospérité. Louis XI, Charles VIII, lui accordèrent successivement leur protection. En peu d'années, Dieppe, qui avait sans doute hâte de réparer le temps perdu, entreprit de nombreux travaux pour sa défense, équipa de nombreux navires, et reprit toute son importance par l'heureuse audace de ses navigateurs, leurs découvertes et leurs expéditions en tous pays.

A la fin du quinzième siècle, Dieppe était dans
tout l'éclat de sa puissance ; car le Havre n'existait pas alors, et Dieppe n'avait pas de port
rival sur les côtes de la Normandie. C'est vers
cette époque du règne de Charles VIII que
nous allons feuilleter dans la chronique dieppoise.

Au commencement de l'année 1489, Dieppe,
quoique fort amélioré, était loin de ressembler
à la ville de bains d'aujourd'hui.

Quand les Anglais furent chassés, et qu'on
craignait le retour de Talbot avec une flotte, on
se hâta d'augmenter les remparts du côté de la
mer. En conséquence, on bâtit une grande muraille crénelée, flanquée de tours et de tourelles,
qui s'appuya contre la falaise à pic et alla jusqu'à
l'entrée du port.

Cette muraille était percée de portes sail-
lantes[1] et garnie de larges plates-formes.

Une de ces plates-formes faisait angle à
l'embouchure du port, à l'endroit où com-

---

1. La vieille porte aux deux tours à toits aigus, placée
en face l'allée du Casino, date de cette époque et était la
grande entrée de Dieppe du côté de la mer.

mence aujourd'hui la jetée, qui alors n'existait pas. Ce fut sur cette plate-forme, ayant une pointe avancée dans la mer et formant quai, que fut placé le premier phare qui éclaira, la nuit, l'entrée du port et qui indiqua aux navires en pleine mer que la terre était proche.

Dominant le quai, une grosse tour carrée se dressait à l'extrémité du rempart, défendant à la fois l'entrée de la ville et la passe, et protégeant tout le quartier du Pollet, qui était séparé d'elle par le chenal.

Cette tour se nommait la *Tour aux Crabes*, et c'était contre elle que s'était épuisée vainement toute l'artillerie de Talbot; car elle existait depuis longtemps.

A l'autre extrémité du rempart se dressait, en haut de la falaise, protecteur et menaçant, ce château fort qui existe encore et qui, en 1489, avait à peine cinquante ans d'existence.

C'était — les chroniques manuscrites qui sont aux archives de la bibliothèque de la ville en font foi — c'était le quatrième château cons-

truit à la même place, sur le même pan dominant de la falaise.

Le premier château fut celui que fit bâtir
Charlemagne pour protéger la baie du Mont-de-
Caux.

Le second, qui succéda au précédent, fut construit par Rollon, le premier duc de Normandie.

Le troisième fut bâti en 1188, par les ordres
du roi Henri II d'Angleterre : c'est celui que Philippe-Auguste détruisit, en saccageant Dieppe,
en 1195.

Le quatrième, celui qui est resté si hardi-
ment planté sur le penchant de la falaise, fut
achevé l'année même où Talbot vint faire le
siège de Dieppe. Il avait été commencé deux
ans plus tôt (car il porte sur son fronton le mil-
lésime de 1433) par les communes du pays de
Caux, révoltées contre les Anglais.

Charles Desmarets, le premier, avait habité
ce château. En 1489, c'était son successeur,
M. de Sygogne, le capitaine commandant la
ville, qui y résidait.

« Or, en cette année — disent les chroni-

ques — la chaleur de l'été fut grande, et il y
eut un jour, le plus chaud de tous, qui fut le
12 du mois de juillet. »

Ce jour-là, précisément, Dieppe était en grand
émoi.

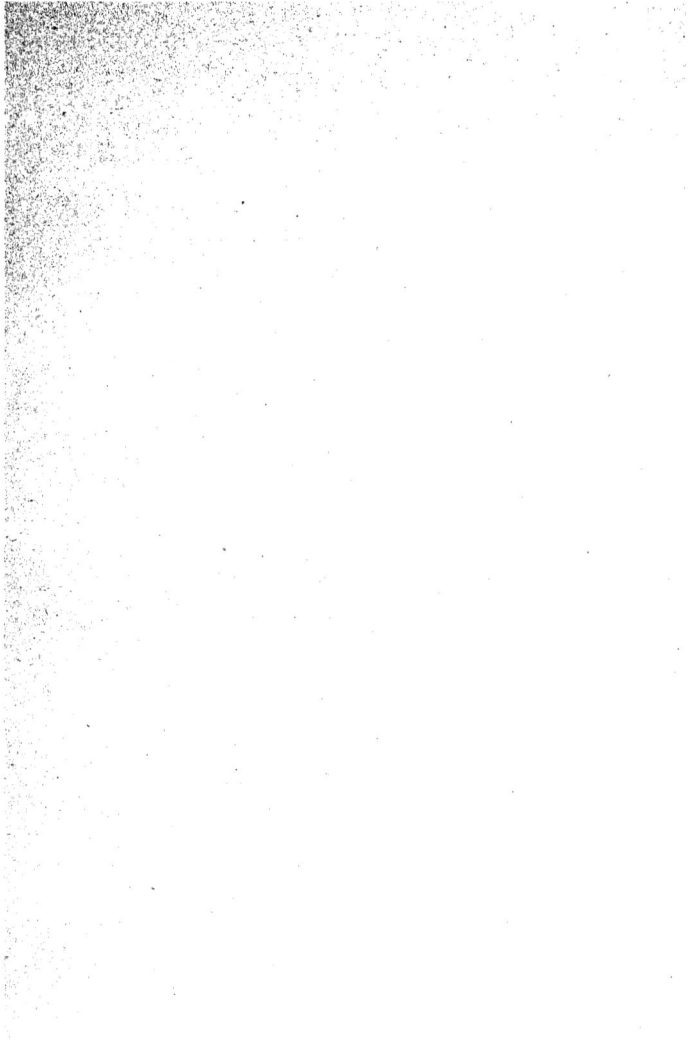

II

LE RETOUR DE LA GRANDE NEF

Le soleil radieux s'était levé sans nuages sur
un ciel d'azur, trempant ses rayons dans les
flots verts de l'Océan, et la vapeur du matin,
formant à l'ouest une couche épaisse, imprimait
sa teinte violacée à l'extrémité de cet horizon
immense où la mer et le ciel se confondent en
semblant s'unir.

La marée était haute, et les vagues, roulant
sur elles-mêmes leurs crêtes d'écume bouillon-
nante, venaient heurter les galets avec un bruit
strident et sec, suivi d'un grondement sourd et
menaçant.

Tout Dieppe, hommes, femmes, enfants,

vieillards, gentilshommes, bourgeois, matelots, pêcheurs, abandonnaient leurs hôtels, leurs maisons, leurs cabanes et couraient en foule pressée vers l'entrée du port.

Évidemment, il y avait quelque heureux événement dans l'air : car si l'émotion de tous ceux qui se précipitaient était vive, elle n'avait rien de douloureux. Une expression de curiosité joyeuse se lisait sur tous les visages.

En quelques instants, la plate-forme du phare, les abords de la Tour aux Crabes, le haut de la plage, les murailles crénelées des remparts, le chemin de la falaise conduisant au château et toutes les terrasses du château aussi furent envahis par la masse mouvante des curieux et des curieuses.

Tous les regards étaient fixés dans la même direction sur l'immensité de l'Océan. Il y eut un long moment d'anxiété. Des murmures couraient dans la foule comme un grondement d'orage. On se parlait à voix basse, comme si l'on eût eu crainte d'exprimer hautement son opinion.

« Est-ce elle ? disait-on.

Dieppe en 1489.

— Oh! oui, c'est elle! répondaient des voix.

— Non, hélas! non! » disaient d'autres voix.

Et l'anxiété redoublait, et tous les regards se dirigeaient plus fixement encore vers l'horizon.

Au loin, bien loin encore, se détachant à peine sur le brouillard, mais éclairé par le soleil, s'avançait un gros vaisseau que secouait lentement la mer houleuse.

On pouvait distinguer sa grosse coque à l'avant large et arrondi, à l'arrière très élevé et surmonté d'une sorte de fort. De grands mâts, chargés de toiles qui se gonflaient au vent, se dressaient, balançant leur tête sous l'impression du roulis.

Un vent d'ouest-sud-ouest poussait rapidement le gros navire vers Dieppe. De minute en minute, on distinguait plus facilement les détails de son équipement; mais, dans la situation où il était, l'avant tourné vers le port, il était impossible de voir le pavillon placé à l'arrière, à la poupe, comme on disait alors.

La brise était bonne, et elle soufflait sur la côte avec une vigueur qui promettait de ne pas

laisser une longue attente à toute cette foule dé-
sireuse de voir. Le navire grandissait à vue d'œil.

« Oh ! cria une voix joyeusement émue, la
statue de saint Jean est sur sa proue. »

Effectivement le soleil, éclairant en plein
l'avant du navire, heurta ses rayons sur une
statue dorée placée sous le beaupré.

« Oui ! oui ! » affirmaient mille voix.

Un grand cri, parti de toutes les bouches,
s'éleva subitement dans les airs.

Le gros vaisseau, inclinant légèrement sous
l'action du gouvernail, s'était placé de trois
quarts, changeant de route pour arriver plus
directement. Dans cette inclinaison de la coque,
l'arrière apparut et on aperçut, sur une grande
hampe, le pavillon de France flottant fièrement
au vent.

Un second hourra fut poussé à pleine poi-
trine ; toutes les mains s'agitèrent et tous les chapeaux sautèrent en l'air pour saluer le vaisseau.

« C'est la grande nef! » criait-on de tous
côtés.

« C'est le *Saint-Jean !* » disaient d'autres voix.

La joie était sur tous les visages, et la population dieppoise devait en effet être joyeuse. Ce navire qui rentrait au port, et qui avait quitté Dieppe il y avait près de neuf mois, était une nouvelle gloire, un nouveau triomphe et une nouvelle source de richesses pour la belle ville maritime.

Le capitaine qui commandait ce navire se nommait Cousin.

Cousin, dont le nom est malheureusement peu connu en France, a été cependant un des meilleurs hommes de mer qu'ait possédés notre marine.

Né à Dieppe, il s'était distingué, dès sa jeunesse, dans maints combats contre les Anglais et les Espagnols, notamment en 1487, dans une rencontre avec plusieurs bâtiments anglais.

Cousin était non seulement un marin intrépide, mais encore un savant distingué. Il avait pour ami et pour conseiller un vieux prêtre, son ancien professeur, qui se nommait l'abbé Descaliers, et qui était véritablement un puits

de science. L'abbé s'occupait avec passion d'hydrographie, ce qui avait fort séduit son élève.

Vers la fin de l'année 1488, une association
de commerçants dieppois s'était formée pour
armer un navire de grand tonnage destiné à
faire un voyage de découverte. L'abbé Descaliers, qui avait donné des avis et des conseils
précieux pour la construction et l'organisation
du vaisseau, désigna nettement son élève
comme le seul pouvant être chargé d'une telle
expédition.

Cousin fut heureux d'obtenir ce commandement, qui ouvrait une voie si large à son esprit
aventureux. Sa mission fut d'explorer les côtes
d'Afrique au delà de l'équateur, et de faire ce
qu'aucun marin n'avait fait jusqu'alors.

Cousin organisa son équipage en capitaine
expérimenté, et il prit pour second un homme
un peu plus âgé que lui, d'un caractère réfléchi,
froid dans les décisions à prendre et marin ac-
compli. Cet homme se nommait Ango; il était
marié depuis six ans avec une femme qu'il adorait; sa seule douleur était qu'il n'avait pas
d'enfant.

Il s'embarqua avec Cousin, et Mme Ango conduisit son mari en pleurant jusque sur le pont du navire.

« Encore, dit Ango avec un triste sourire, si je ne te laissais pas seule! s'il y avait un marmot près de toi! Mais non, le bon Dieu ne veut pas que nous soyons si heureux! »

Louison, c'était le nom de Mme Ango, Louison regarda son mari et elle poussa un soupir, puis elle pâlit soudain, et elle eut un moment de faiblesse.

« Courage! dit le lieutenant du *Saint-Jean* en la soutenant. Je reviendrai bientôt, et je te rapporterai de belles choses des pays que nous allons visiter.

Quand le navire quitta le port, Louison alla jusqu'à l'extrémité de la plate-forme du phare. Elle demeura immobile, les yeux rivés sur la grande nef, et quand le *Saint-Jean* disparut à l'horizon, elle poussa un gros soupir en faisant le signe de la croix. Elle avait prié Dieu depuis la sortie du navire jusqu'à l'instant de sa disparition.

Une amie, Mme Daguay, était avec elle; elle

voulut l'entraîner vers la ville ; mais Louison
s'arrêta soudain, elle se sentit faiblir.

« Qu'as-tu donc ? demanda sa compagne in-
quiète.

— Rien, répondit Louison en se remettant.
C'est fini ; mais mon cœur a battu bien fort. »

La grande nef *Sanit-Jean* voguait par un bon
vent. Cousin, mettant à profit les conseils]de
l'abbé Descaliers, gagna la haute mer au lieu de
suivre les côtes, comme tous les marins l'avaient
fait jusqu'alors, et il navigua au large dans
l'océan Atlantique.

Entraîné par le courant équatorial, il aborda,
après deux mois, sur une terre inconnue, à l'embouchure d'un fleuve immense qu'il nomma le
Maragnon, et que, depuis, on a appelé le fleuve
des Amazones et le Rio-Maraho. Mais Cousin,
qui cherchait à doubler le continent africain,
comprit, sur la hauteur prise de cette terre,
qu'il fallait, pour gagner le dessus de la côte
d'Adra, faire route vers le pôle sud en courant
à l'est.

Bientôt il aborda aux côtes méridionales de

l'Afrique, suivant les instructions qu'il avait re-
çues, et, le premier, il découvrit la pointe d'A-
frique, à laquelle il donna le nom de *pointe des
Aiguilles,* changé plus tard, par les Portugais,
en celui de *cap de Bonne-Espérance.*

Ses notes savamment prises sur la position
des lieux qu'il venait de découvrir, Cousin, pro-
longeant sa route vers les côtes du Congo et
d'Adra, fit un grand commerce d'échange avec
les habitants, et, sa nef chargée de nouvelles
richesses, il se décida à revenir à Dieppe.

Dans cette expédition du capitaine Cousin,
que constatent les *Mémoires chronologiques pour
servir à l'histoire de Dieppe et de la navigation
française,* par Desmarquets ; les *Recherches sur
les voyages et découvertes des navigateurs normands,* par L. Estancelin ; l'*Histoire de Dieppe,*
par Vitet ; le *Bulletin de la société de géographie,*
t. XXVIII, p. 180 ; et, enfin, les *Trois Mondes,*
par La Popelinière, il y a trois points d'une importance très grande, et qui, prouvés, change-
raient en faussetés trois faits qui sont dans la
croyance de tous.

Dans ce voyage de 1488 à 1489, Cousin aurait eu le triple honneur d'avoir précédé Christophe Colomb de quatre ans dans la découverte de l'Amérique, Vasco de Gama de neuf ans dans celle du passage qui conduit d'Afrique aux Indes, et Cabral de douze ans dans la découverte du Brésil.

La relation du voyage de Cousin avait, ont assuré tous ses compatriotes, été officiellement consignée au greffe de l'amirauté de Dieppe, dont les archives furent malheureusement détruites lors du bombardement de 1694.

Desmarquets, dans ses *Mémoires chronologiques* publiés en 1785, consigne ces faits, empruntés à des manuscrits qui ont disparu aussi dans la tourmente révolutionnaire, et M. Estancelin s'est également attaché, de nos jours, à établir que Cousin a pu avoir la gloire de devancer les trois célèbres navigateurs. Suppléant par un grand nombre d'indications à l'absence des preuves positives, il a démontré que, s'il n'y avait aucun motif justifié d'admettre *de plano* que le capitaine dieppois a fait les découvertes qu'on lui attribue, il n'y a non plus aucune raison suffisante de rejeter la supposition comme absolument chimérique et inadmissible, et il ne

désespère pas, ajoute-t-il, que, dans ce siècle de
fécondes investigations historiques, il se rencontre quelque géographe laborieux, quelque
amateur zélé de l'histoire nationale, qui par-
vienne à retrouver les titres justificatifs des traditions dieppoises.

Au reste, il y a un fait prouvé qui justifie la
conviction sincère de M. Estancelin.

Dans son voyage de 1488 à 1489, Cousin
avait à son bord un contremaître d'origine es-
pagnole et qui se nommait Vincent Pinzon. Ce
Vincent, bon matelot, mais homme insubor-
donné, mutin et de déplorable exemple pour
l'équipage, fut, de retour à Dieppe, déclaré hors
de service par la juridiction maritime, sur la
plainte de son capitaine.

Or, Vincent Pinzon, chassé de Dieppe, est un
des trois frères de ce nom qui, trois ans plus
tard, accompagnèrent Christophe Colomb dans
son voyage ; il a pu donner connaissance à l'illustre Génois des découvertes du navigateur
normand, ce qui aurait déterminé le voyage de
Colomb.

Quoi qu'il en soit, dès le commencement du

seizième siècle, à l'époque où les renommées de
Colomb et de Gama se répandirent en Europe,
il y eut à Dieppe réclamations bruyantes et pro-
testations soutenues en faveur de Cousin. La
Popelinière, dans ses *Trois Mondes,* publiés en
1582, écrit ces lignes à propos du jeune capitaine dieppois : « Notre Français malavisé n'a
eu ni l'esprit ni la discrétion de prendre de jus-
tes mesures publiques pour l'assurance de ses
desseins, aussi hautains et généreux que ceux
des autres, comme si c'était trop peu d'avoir
commis une semblable faute touchant les découvertes des nôtres en Afrique, où les vaisseaux
normands trafiquaient avant que les Portugais y
eussent abordé. »

Pour se prononcer nettement dans un débat
de cette nature et de cette importance, il faut
attendre que la lumière, si elle doit se faire,
soit absolument faite. Le sera-t-elle? De nos
jours, rien n'est impossible, quand il s'agit
d'études et de recherches. Espérons donc dans
l'avenir, et, pour le présent, mettons de côté cette
grande question de la découverte de l'Amérique.
Ce qu'il y a de certain et d'incontestable, c'est
que, de 1488 à 1489, le capitaine Cousin fit un

grand voyage au long cours dont on ne peut
préciser rigoureusement tous les résultats, à
l'exception de la découverte de la pointe d'Afrique, qui a été suffisamment constatée pour que
le doute ne puisse être permis.

Laissons donc de côté cette dissertation, et
revenons sur la plate-forme du phare à Dieppe,
au moment où la grande nef du capitaine Cousin
vient d'être reconnue et saluée par les enthou-
siastes acclamations de la population entière.

Dans le groupe le plus rapproché de la plate-
forme se tenait debout, hissé sur le rond d'une
poutre à poulie plantée devant le phare, le cou
tendu, la tête avancée, les yeux fixes, la bouche
ouverte, un jeune homme de dix-huit à vingt
ans, dont l'émotion était plus poignante que
celle de ses voisins.

Il n'avait pu crier, il était demeuré immobile
et muet.

Quand il n'y eut plus un doute sur l'arrivée
de la grande nef *Saint-Jean*, le jeune homme parut reprendre subitement toute la faculté de ses
forces actives. Sautant du haut de la poutre, il
pratiqua, en retombant, une trouée dans la

3

masse des curieux, et se précipitant en avant,
tête baissée, comme un Breton qui lutte, il fit,
avec une énergie que rien ne pouvait arrêter,
une percée en ligne droite, se dirigeant d'un
même élan vers la ville.

Heureusement, le quai d'abordage du port
était à peu près désert : le jeune homme le par-
courut en courant avec une rapidité de lièvre, et,
traversant d'un bond la rue de Barre qu'il venait
d'atteindre, il enfila à droite une étroite ruelle
aboutissant à la place où se dressait et où se
dresse encore aujourd'hui (mais en ruine et menaçant de crouler) la vieille église de Saint-Remi.

En regard de l'étroite façade de cette église,
qui n'était guère alors qu'une chapelle, se dressait une maison en bois, à grosses poutres sail-
lantes et à toit aigu.

Une femme de trente ans, à la physionomie
aimable, vêtue en bourgeoise aisée, était sur la
porte de cette maison, paraissant attendre avec
anxiété. En voyant subitement, à l'angle de l'é-
glise, le jeune homme dont l'allure n'avait pas
faibli, la dame laissa échapper un cri sourd, en
faisant un geste interrogatif.

« Eh bien ? dit-elle.

— Oui, chère sœur! répondit le jeune homme en s'arrêtant tout essoufflé.

— C'est la grande nef?

— La grande nef du capitaine Cousin : elle entrera dans le port avant trois heures d'ici. »

La dame croisa ses mains avec un geste de contentement; puis, s'arrêtant et regardant son frère :

« Tu es bien sûr, François, reprit-elle, que l'on ne te trompe pas? C'est bien la grande nef *Saint-Jean* qui est partie il y a huit mois et demi, et sur laquelle s'est embarqué ton parrain Ango?

— Ma sœur, répondit François, je vous jure qu'on ne se trompe pas. Il n'y a eu qu'un cri en reconnaissant la grande nef. Et puis, je ne me tromperais pas, moi! Je connais bien le *Saint-Jean!* D'ailleurs je ne serais pas revenu, si je n'en avais pas été sûr. »

La sœur embrassa son frère avec effusion.

« Tu es bien gentil d'être revenu si vite
m'apprendre cette bonne nouvelle, dit-elle.
Maintenant, retourne au port, attends l'entrée
de la grande nef, et sois le premier à embrasser
notre bon ami Ango, qui a remplacé près de toi
notre pauvre père que le bon Dieu nous a pris.
Va vite, tu diras à Ango que si Louison n'est pas
allée au-devant de lui, c'est que... c'est que... »

Elle s'arrêta comme pour chercher un motif.
François se mit à sourire :

« Il ne faut pas dire ce qui est? fit-il.

— Non! ne lui apprends rien. Dis-lui seulement que sa femme sera bien heureuse de le
revoir, qu'elle l'attend avec une grande impa-
tience, et... et, reprit-elle avec un accent dé-
cisif, dis-lui encore que ce qui le rendra, lui
aussi, bien heureux, c'est une surprise qu'elle
lui réserve à la maison.

— Bon! fit François en riant. Je vais au-devant de mon parrain! Dans trois heures, nous
serons ici. »

Et François s'élança, partant aussi vite qu'il
était arrivé.

Dieppe en 1866.

« Ah ! mon Dieu ! mon Dieu ! quel bonheur ! »
dit la jeune femme avec un élan de reconnais-
sance et en levant les yeux vers le ciel.

Puis, tournant sur elle-même, elle se dirigea
vers un escalier placé au fond d'un grand cou-
loir servant de vestibule.

« Pauvre chère Louison ! reprit la jolie sœur
de François. Va-t-elle être heureuse !

— Madame Daguay ! cria une voix à l'étage
supérieur. Venez donc vite, Mme Ango vous demande.

— Me voilà, Gertrude ! dit Mme Daguay en se
hâtant de gravir les marches de l'escalier.

— Eh bien ! demanda vivement la servante
en se penchant sur la grosse rampe carrée, est-
ce la nef où est M. Ango ?

— Oui ! répondit Mme Daguay.

— Ah ! que c'est heureux, mon doux Seigneur ! Eh bien ! j'espère qu'il va être content,
notre maître ! »

Mme Daguay, répondant à l'appel de Louison,
était allée lui donner des nouvelles.

« Eh bien, ma chère amie, est-ce le *Saint-Jean* qui entre au port?

— Oui, c'est bien la grande nef du capitaine Cousin.

— Quel bonheur! Mais que va dire Ango en ne me voyant pas venir à sa rencontre?

— Il trouvera sûrement la chose étonnante ; mais François sera là pour lui parler; et puis, il n'y aurait pas grand mal qu'il achetât par un peu d'inquiétude une aussi bonne nouvelle. Il eût été certainement très fâché que pour courir sur la jetée, vous ayez laissé seul ici quelqu'un qui a grand besoin de vous.

— C'est vrai.... mais ne trouvez-vous pas, Bernardine, que le temps passe bien lentement?

— Hélas! reprit Mme Daguay en souriant; mais quel remède à cela, sinon la patience?

— Pourvu... que la traversée ait été heureuse!

— Quelles chimères allez-vous là vous forger! C'est presque une injure à la Providence! Non!

non ! ma chère Louison, soyez-en sûre : un bonheur ne vient jamais seul, et surtout ne prend
pas le malheur pour compagnon. »

De grosses larmes, mais des larmes de bonheur, glissèrent sous ses cils et tombèrent comme
des perles sur la main gauche de Bernardine
qu'elle pressait dans les siennes.

« Oh ! reprit la jeune femme avec un doux
soupir, que Dieu est bon ! il a exaucé mes
prières ! »

. . . .

Trois heures s'étaient écoulées, et midi allait
sonner à l'horloge de l'hôtel de ville. L'anima-
tion et la joie régnaient dans tous les quartiers ;
mais près du port c'était une véritable fête.

La grande nef avait mouillé aux cris enthou-
siastes de son équipage qui saluait le retour au
pays, et des myriades de petits bateaux, entourant le navire, étaient venus prendre les officiers
et les matelots pour les descendre sur le quai,
où la masse de la population les attendait.

A cette même heure, longeant le côté gauche
de l'église Saint-Remi, deux hommes marchaient

d'un pas rapide. L'un était François, l'autre un homme de trente-cinq ans, à la mine énergique et portant le costume adopté par les officiers de marine de Dieppe.

En apercevant la maison de bois qui se dressait devant lui, l'homme s'élança et atteignit l'entrée :

« Louison ! cria-t-il d'une voix sonore en franchissant le seuil.

— Montez, Ango ! votre femme vous attend ! » répondit Mme Daguay.

Ango gravit rapidement l'escalier : Mme Daguay, Gertrude et Jeanne, l'autre servante, l'attendaient.

Ango s'arrêta, étonné, regardant autour de lui. Il y eut un court silence, et un vagissement d'enfant retentit. Ango ouvrit de grands yeux en faisant un mouvement.

Mme Daguay, qui souriait avec une expression de bonheur, fit tourner doucement la clef, sans dire un mot, et elle ouvrit toute grande la porte de la chambre.

Louison était assise près d'un berceau :

« Oh! » fit Ango avec toute l'expression de son cœur.

Et il s'avança dans la chambre avec une émotion qui le faisait trembler. Louison le regardait en souriant et sans parler.

« Ma femme! » dit Ango en se précipitant vers elle.

Louison posa la main sur le berceau :

« Embrasse d'abord ton fils ! » dit-elle.

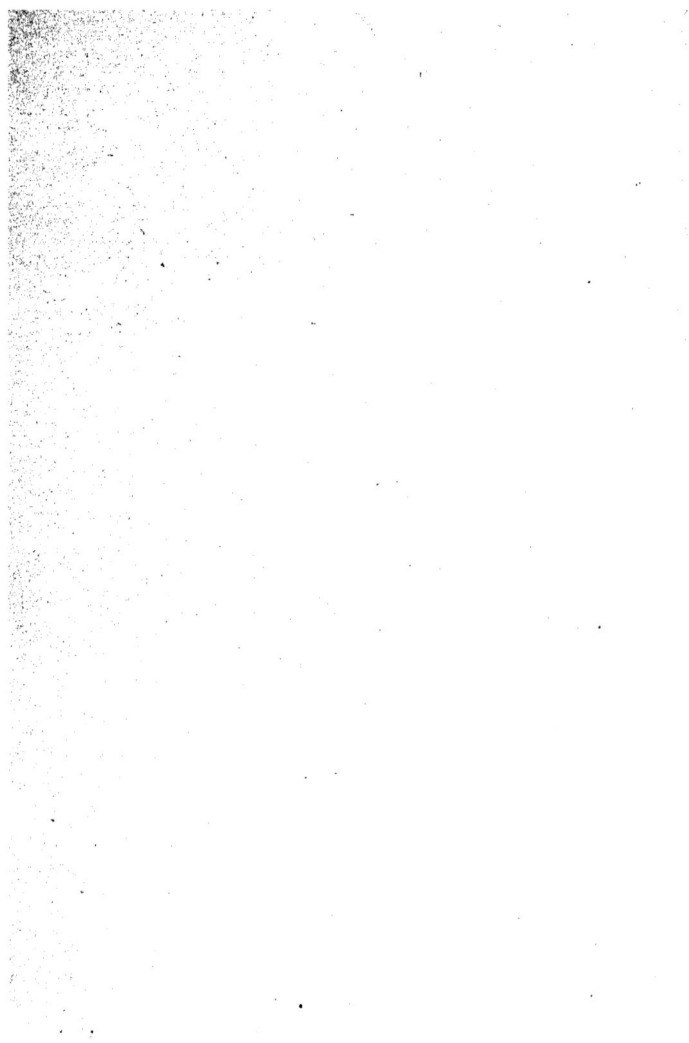

III

L'église Saint-Remi est la plus ancienne paroisse de Dieppe. Sa première construction remonte à l'an 1030.

Il y a trois périodes, dans l'histoire de cette église, qui se rapportent toutes trois à l'histoire de Dieppe.

De 1030, année de sa fondation, à 1522, l'église demeura dans le même état. — Première période.

En 1522, Dieppe, riche et puissante, s'embellissant de jour en jour, eut honte de sa vieille paroisse. On résolut d'agrandir l'église Saint-

Remi et de la refaire même presque entière-
ment.

L'œuvre dura cent dix-huit ans, et ne fut
terminée qu'en l'année 1640. La chapelle de la
Vierge, placée à gauche de l'autel, est du règne
de François Ier, et le portail est du temps de
Louis XIII. Aussi cet édifice est-il d'un style italien bâtard, avec un mélange d'ordre gothique
et d'ordre roman.

Dans la chapelle de la Vierge sont placés, à
droite, le tombeau de M. de Sygogne, gouver-
neur de Dieppe, et celui de son fils, et à gauche,
le tombeau de M. de Montigny.

Au-dessous du grand buffet d'orgues, il y a
un très beau bénitier couvert de caractères bi-
zarres qu'on n'a pas encore pu traduire, et qui
ont fait damner tous les Champollions du siècle.

De 1522 à 1694, c'est la seconde période de
l'existence de la paroisse de la Barre, la période
riche.

En 1694, le 22 juillet, la flotte anglo-hollan-
daise vint bombarder Dieppe avec un acharnement féroce, qui fut un hommage pour la ville

maritime normande ; car cette attaque des Anglais, succédant à tant d'autres attaques, prou-
vait ce que nos voisins d'outre-Manche crai-
gnaient de l'habileté et de l'audace des Dieppois.

Il y avait deux mille sept cent vingt-cinq
maisons dans la ville à cette époque : dix-huit
cent cinquante-deux furent anéanties, brûlées,
écrasées par les milliers de bombes, d'obus et
de projectiles incendiaires que lancèrent les
flottes anglaise et hollandaise réunies.

Huit cent soixante-treize maisons échappèrent
seules à la ruine, et la belle église Saint-Jacques
fut aussi respectée, mais Saint-Remi fut à peu
près anéanti. Le sommet de la tour fut abattu,
les cloches furent fondues dans l'incendie après
avoir écrasé la sacristie en tombant sous l'éclat
d'un obus. Le chœur et l'aile méridionale s'é-
croulèrent, sapés par les bombes.

On peut voir encore aujourd'hui les traces
du bombardement sur les murs de l'église :
car Saint-Remi ne s'est jamais relevé de ce désastre.

C'est à partir de 1694 que sa troisième période commence.

En 1489, Saint-Rémi touchait à la fin de la première, et l'église avait l'aspect simple et peu luxueux d'un humble monastère.

Quinze jours après celui où la grande nef *Saint-Jean* était entrée au port et au moment où la messe de neuf heures s'achevait, la porte de l'église fut ouverte par le suisse, et un petit cortège s'avança sous la voûte.

Une magnifique paysanne cauchoise, jeune encore, vêtue du costume consacré, et portant sur le sommet de la tête ce grand bonnet pointu de dentelles et de tulle, héritage de la reine Isabeau, marchait en tête. Elle tenait dans ses bras un enfant nouveau-né enveloppé dans des langes traînants et formant draperies.

Derrière elle s'avançait un homme à la mine fière et intelligente, au regard de feu et portant l'uniforme des capitaines de navire. Cet homme donnait la main à une jeune femme au visage rayonnant de bonheur. C'était Mme Ango.

Ango venait ensuite, conduisant Mme Daguay. Il avait l'allure vive, leste et pimpante d'un homme heureux.

Le baptême de Jean Augo

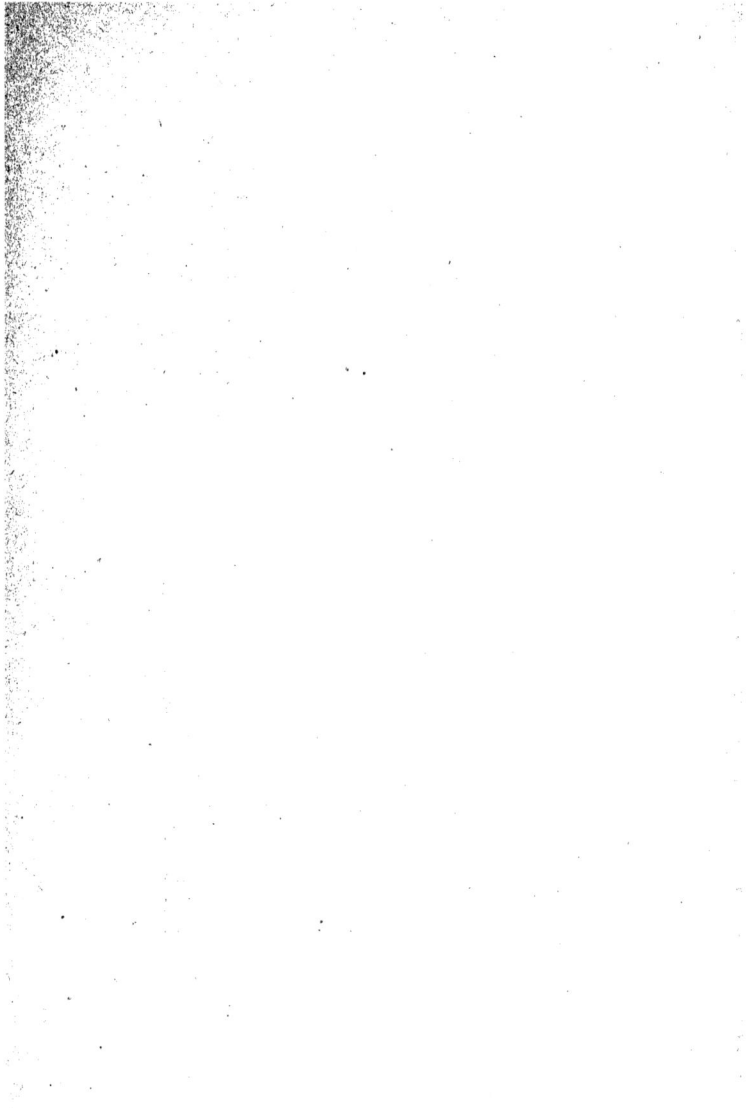

D'autres riches bourgeoises s'avançaient ac-
compagnées de cavaliers, parmi lesquels était
le jeune François.

Gertrude et Jeanne, en grand costume de
fête, suivaient en précédant une douzaine de
matelots au teint basané et marchant les jambes
écartées avec ce mouvement de hanche que
donne l'habitude du roulis.

Le cortège traversa l'église, précédé par le
suisse et le bedeau, et il s'arrêta près de la chapelle de la Vierge.

Un prêtre s'avança, suivi de ses enfants de
chœur, portant les accessoires nécessaires pour
la cérémonie religieuse qui allait avoir lieu.

Louison paraissait très émue. Elle s'était rap-
prochée de son mari et s'appuyait sur son bras.

La Cauchoise s'approcha du prêtre en décou-
vrant le grand voile blanc qui enveloppait l'enfant. Le prêtre regarda le nouveau-né avec un
doux sourire.

Le capitaine de vaisseau se plaça à la droite
de la Cauchoise, et M\ Daguay à gauche. Toute
l'assistance entoura le groupe formé par la

nourrice, le parrain et la marraine, le père et
la mère, le curé, les enfants de chœur, le bedeau
et le suisse.

Le prêtre commença la cérémonie. Quand il
eut dit les prières, il demanda le nom de l'enfant :

« Jean, fils de Charles Ango, officier de marine, et de Louison Desrieux, sa femme, répondit le père.

— Le parrain? la marraine? demanda le bedeau en saluant.

— Jean Cousin ! répondit le capitaine d'une
voix nette.

— Bernardine Daguay, » dit la jolie marraine
en souriant à Louison.

La cérémonie continua. L'enfant était d'une
tranquillité extrême et ne poussait pas un cri.

Pendant les exorcismes, le parrain et la marraine étendirent, suivant l'usage consacré, la
main droite au-dessus de la tête de l'enfant, en
même temps que le prêtre faisait le même geste.

Au moment où l'eau fut versée sur le front du

baptisé, et où le prêtre prononça les paroles
sacramentelles, Cousin et Bernardine posèrent
la main sur l'enfant comme pour prêter serment.

Puis les enfants de chœur leur apportèrent
deux cierges allumés, qui furent tenus élevés
jusqu'à la fin de la bénédiction.

La cérémonie achevée au milieu de l'émotion
et des prières, Ango s'approcha de la corbeille
blanche dans laquelle on avait placé son fils pour
la célébration du baptême. Cousin était de l'autre
côté.

Ango fit le signe de la croix ; il se pencha
pour baiser l'enfant sur le front, et deux larmes
tombèrent sur les petites joues roses.

Ango se redressa sans cacher son émotion, et
il tendit la main à Cousin par-dessus la corbeille.
Cousin mit sa main dans celle d'Ango.

« Si je suis tué ?... dit Ango.

— Ton fils a deux pères ! répondit Cousin.

— Il en a d'autres encore, mon commandant ! » murmura sourdement une grosse voix
contenue.

Un matelot aux épaules carrées, au cou court, à la tête ronde et tortillant son bonnet de laine rouge dans ses doigts, se tenait, en se balançant, dans une pose embarrassée.

Ango sourit et tendit l'autre main au matelot : celui-ci se courba tout honteux et n'osant accepter l'honneur que lui faisait l'officier. Ango lui prit la main :

« Tu aimes donc mon fils, vieux Pierre? dit-il.

— Je l'aime, répondit le matelot de plus en plus embarrassé dans ses paroles, je l'aime.. comme tous ceux-là... à se pendre au bout d'une vergue, comme une poulie, pour lui être agréable à ce petit... et à vous aussi, mon lieutenant, et à vous aussi, mon commandant ! »

Et se tournant vers ses camarades qui l'avaient écouté le cou tendu :

« Pas vrai, vous autres ? » ajouta-t-il.

Il y eut un grognement affirmatif qui indiqua que le contremaître de la nef *Saint-Jean* avait bien exprimé ce que ressentaient les matelots.

Louison et Bernardine étaient près du prêtre, qui écoutait aussi.

« Pour lors, reprit Pierre avec un peu plus
d'assurance, puisque ce petiot est le filleul du
commandant, il est aussi celui du *Saint-Jean*,
et les camarades ont dit comme ça que le petiot
étant quasiment leur *fillot,* il avait droit, à chaque
coup de croc bord à bord avec un Anglais, un
Portugais ou un Espagnol, à la première chose
sur quoi on mettrait la gaffe;... comme qui di-
rait sa part de crochage sur la nef ennemie. »

Et se retournant une seconde fois :

« Pas vrai, vous autres ? »

Un second grognement approuva le contremaître.

« Ainsi, dit Cousin, vous voulez, à chaque
abordage, mettre de côté et conserver pour cet
enfant la première part de prise qui vous tom-
bera sous la main, quelle qu'elle soit ?

— Oui, mon commandant ! » dit Pierre en
s'inclinant.

Cousin interrogea Ango et Louison du regard:

« Oh! j'accepte pour mon fils ! dit Louison
en joignant les mains avec un accent de recon-
naissance, et le bon Dieu m'entend ! »

Elle fit le signe de la croix.

« Mes amis, dit Ango, j'accepte aussi ; mais promettez-moi que vous ferez de cet enfant un bon matelot, et que vous veillerez sur lui tant qu'il ne pourra pas se défendre seul.

— Ce sera notre mousse d'amitié, dit vivement le vieux contremaître ; les premiers ris qu'il prendra sur un bout de vergue, ce sera moi qui lui apprendrai à passer la garcette dans l'œil[1].»

Cousin s'approcha de la corbeille. Il tira son épée du fourreau et il plaça la lame nue, en travers, sur la corbeille, au-dessus de l'enfant. Puis, avec un geste solennel, il posa l'extrémité de l'index sur le front qui venait de recevoir l'eau sainte :

« Fils d'Ango et filleul de Cousin, dit le commandant avec fierté, tu seras brave. Si Dieu me laisse vivre, je te jure, enfant, de te donner ton baptême de feu ! »

Ango tendit les deux mains au capitaine :

1. La *garcette du ris* est le petit cordage qui pend sur la voile et l'*œil de pie* est le trou dans lequel on le passe pour l'attacher.

« Merci ! » dit-il simplement.

L'émotion causée par cette succession de petites scènes touchantes, dans cette église, la
maison de Dieu, et devant cet enfant qui faisait
son premier pas dans la vie et dans la religion
chrétienne, était profonde dans tous les cœurs.

Bernardine et Louison avaient de douces
larmes inondant leur visage. Gertrude et Jeanne
priaient près de la corbeille où était placé l'enfant.

Le prêtre étendit les mains :

« Je vais appeler sur vous, dit-il, la bénédiction du Seigneur qui a entendu vos pro-
messes ! »

Tous s'agenouillèrent entourant la corbeille,
et le prêtre prononça la prière à voix haute.

La cérémonie terminée, Cousin reprit son
épée nue, qu'il avait laissée sur la corbeille. Au
moment où il l'enlevait, l'enfant fit un cri, le seul
qu'il eût poussé depuis son entrée dans l'église :

« Il a cru que je lui donnais mon épée et il ne
veut pas me la rendre, » dit Cousin en souriant.

Et remettant l'épée sur la corbeille :

« Garde-la, mon enfant, reprit-il, elle est à
toi ! »

La Cauchoise prit la corbeille dans ses bras
en laissant l'épée placée dessus.

« C'est un gage de gloire et de courage que
vous donnez à notre filleul, » dit Bernardine en
prenant la main que lui présentait Cousin.

Le prêtre et les enfants de chœur se diri-
gèrent vers la sacristie, et le cortège traversa
l'église. Le suisse ouvrit la porte et de grands
cris joyeux retentirent.

Une foule de jeunes gens et de jeunes filles,
d'enfants de tout âge, se pressaient sur les marches de l'église et formaient cercle devant l'entrée.

« Vive le parrain! vive la marraine ! » criait-
on suivant l'usage du temps.

De nombreux curieux assistaient à ce spec-
tacle. Le cortège s'arrêta en haut du perron.

Sur un signe de Cousin, trois matelots s'ap-
prochèrent, apportant six énormes sacs de toile

qu'ils ouvrirent. Les six sacs étaient remplis à déborder de dragées. Bernardine plongea ses deux petites mains dans les deux sacs placés près d'elle et, les retirant pleines, elle lança les dragées à la foule :

« Vive Ango ! Vive Jean ! » cria-t-on.

Et la foule se rua pour recevoir les dragées.

Cousin, Bernardine, les amis, les amies, Gertrude, Jeanne et les matelots enfouirent à la fois leurs mains dans les sacs, et la grêle sucrée tomba serrée, au grand amusement de tous.

C'était un bruit, des cris, des rires, des trépignements, des bousculades à faire croire à une journée de carnaval. Tous les bras, tous les chapeaux, toutes les mains se dressaient et se tendaient pour recevoir, puis s'abaissaient plus rapidement pour ramasser.

La grêle des dragées était de mode alors à chaque baptême, et il y a encore beaucoup de nos villages qui ont conservé ce vieil usage.

Ango pressait sur son bras la main de Louison :

« Belle entrée dans la vie! dit-il; ce fils que
Dieu nous donne, est venu au monde un jour
de gloire et de fête pour le pays. Il a pour
second père le meilleur des hommes et le plus
courageux de nos officiers, et son premier jou-
jou est une épée qui a vaillamment combattu
pour la France, et dont la lame s'est rougie
souvent dans le sang de l'ennemi!... Et ces
braves matelots qui le protégeront et l'instrui-
ront!... Ah! ma chère femme! Dieu est bon
pour nous!

— Oh! dit Louison en levant les yeux vers le
ciel, prions Dieu chaque jour, mon ami, pour
notre fils, et demandons-lui que l'avenir soit
digne du présent! »

IV

LES DÉBUTS DANS LA VIE

En écrivant les précédents chapitres et en ra-
contant les circonstances qui ont accompagné la
naissance et le baptême de Jean Ango, je n'ai
rien inventé. J'ai fouillé longuement et con-
sciencieusement dans les légendes dieppoises;
puis j'ai traduit le français du seizième siècle en
français du dix-neuvième, sans m'éloigner du
sens exact.

Quand il s'agit de personnages qui ont tenu
une place, grande ou petite, dans l'histoire, de
ceux surtout qui peuvent servir de type pour
une époque et dont l'existence peint mieux encore dans ses détails les us et coutumes d'un

temps passé que ne le font les légendes et les mémoires, on ne doit pas se laisser aller à ces fantaisies de l'imagination qui sont d'une aide si puissante pour la construction du roman.

Aucun détail, aucun renseignement n'existe sur les premières années de l'enfance de Jean Ango. Tout ce que j'ai pu apprendre, c'est qu'il avait eu pour compagnon, dans sa plus tendre jeunesse, un enfant de son âge qui se nommait Jean, comme lui, et Parmentier, du nom de son père.

Les deux petits garçons furent élevés ensemble, travaillant tous deux et écoutant avec un grand intérêt les récits de Pierre le contremaître, qui, à chaque retour de voyage, passait son temps auprès de Jean Ango, qu'il adorait.

Parmentier, fils d'un marin, se destinait, comme Jean, à la carrière maritime, et l'amitié qui liait les deux enfants ne s'effaça jamais dans l'avenir. Quand Ango fut riche, il mit son ami Parmentier à même d'arriver aussi à une position brillante, ainsi que nous le verrons plus tard[1].

---

1. Parmentier, qui découvrit l'île de Sumatra dans un de

Quand le petit Jean Ango atteignit sa sep-
tième année, Pierre commença son éducation
de mousse, et l'élève profita de la science du
maître avec une telle ardeur, qu'il n'y eut bientôt plus rien à lui apprendre sur l'art de grim-
per, d'attacher un nœud, de courir sur une vergue, de se promener dans la mâture et sur les
cordages, de l'arrière à l'avant, en passant par
l'extrémité des perroquets.

Cousin et Ango étaient heureux de voir cette
agilité, cette sûreté de main, cette rapidité, qui
sont les qualités les plus précieuses d'un homme
de mer.

Le vieux Pierre ne vivait qu'en voyant le petit Jean. Quand il n'était pas près de lui, le contremaître devenait triste et de mauvaise hu-
meur.

A cette époque, il y avait grande émotion

ses voyages, a laissé des mappemondes, des cartes ma-
rines et une pièce de vers (Paris, 1531, in-4° goth.) qui a
pour titre : *Navigation de Parmentier, matelot de Dieppe,
contenant les merveilles de la mer, du ciel et de la terre, avec
la dignité de l'homme*. Ce livre a été réimprimé par les
soins de M. Estancelin: *Journal du voyage de J. Parmentier
à l'île de Sumatra en 1529*.

dans la marine dieppoise. A Colomb, qui, en
1492, avait découvert l'Amérique, venait de
succéder Gama, qui, cinq ans après, en 1497,
avait tracé la route des Indes. Gama et Diaz
s'attribuaient chacun la découverte de la pointe
d'Afrique, ce qui rendait Cousin furieux.

Il résolut, lui aussi, de se rendre aux Indes.
C'était le premier Dieppois qui allait tenter ce
voyage.

Jean avait douze ans, il voulut accompagner
son parrain : Ango y consentit. C'était un splendide début dans la vie maritime que ce voyage
de long cours. Pierre était dans l'enchantement :
il n'allait pas quitter son élève et il se faisait une
fête de le voir à la manœuvre.

Louison pleura quand elle apprit cette résolution ; mais, fille et femme de marin, elle devait être habituée à la séparation et à l'abné-
gation. Puis, quelle autre carrière pouvait suivre
Jean ?

Le voyage dura deux ans. Au retour, Jean,
vieilli par la fatigue et l'expérience, était pres-
qu'un homme ; il avait quatorze ans.

« Il n'y a pas au monde un meilleur matelot ! s'écriait Pierre avec fierté.

— Je suis content de lui ! dit Cousin à Ango. Il promet de belles choses pour l'avenir. »

L'année suivante, en 1504, Jean fit, avec son père, le voyage des côtes d'Afrique. De 1505 à 1507, il garda presque constamment la mer, et Cousin avait eu raison de le dire, le jeune homme avait tout en lui pour faire un excellent officier. Sa réputation commençait à naître et elle promettait de grandir.

A dix-huit ans, Jean connaissait les Indes, les côtes d'Afrique, les côtes d'Europe et la Méditerranée.

Cousin, qui l'aimait beaucoup, lui proposa un voyage d'exploration sur les côtes de l'Amérique du Nord.

Jean hésita avant d'accepter ; il avait un vague pressentiment de quelque malheur. Son père était souffrant, il avait besoin de se reposer de ses fatigues, d'avoir au moins une année de tranquillité.

La famille Ango ne possédait aucune fortune,

et les revenus d'Ango et de sa femme consis-
taient uniquement dans la part de bénéfice que
les armateurs assuraient à l'officier et la part
de prise que lui donnaient souvent quelques
rencontres avec l'ennemi.

Jean avait rapporté de ses derniers voyages
une somme assez forte.

« Reposez-vous, père! dit-il à Ango. Vous
avez de quoi bien vivre jusqu'à mon retour, et
je reviendrai avec mes besaces pleines. J'ai dix-
huit ans et vous en avez bientôt soixante. C'est
à moi de travailler. »

Il s'embarqua, le cœur plein d'espérance, sur
un grand navire que commandait Cousin. Ce
navire, emportant de nombreux passagers et
une charge énorme de marchandises, se rendit
d'abord à Terre-Neuve pour y fonder une colo-
nie française, puis il louvoya sur les côtes pour
faire la pêche de la morue.

Le voyage, aller, séjour et retour, dura seize
mois. A cette époque, où les courriers de poste
n'existaient pas sur mer, les lettres des pays
lointains ne pouvaient arriver.

Quand le navire reprit la route de Dieppe, il

y avait un an et quatre mois que Jean était
privé de toute nouvelle de sa famille.

Sa joie était grande au départ : Cousin avait
obtenu de l'armateur pour son filleul une large
part dans les bénéfices, et Jean se voyait riche.
Il ne pensait qu'à son père et à sa mère qui,
eux aussi, allaient être heureux.

Cependant, en approchant de la terre de
France, Jean, sans savoir pourquoi, sans com-
prendre ce qui se passait en lui, se sentait le
cœur serré. Une inquiétude vague et une tristesse que rien ne pouvait combattre, pas même
le service, qui lui prenait tout son temps, s'em-
paraient progressivement de lui.

« Qu'as-tu? lui demandait Cousin, qui avait
remarqué cet état de marasme.

— Je ne sais! répondit Jean.

— Qu'éprouves-tu?

— De la crainte et de la peine en approchant
des côtes de France.

— Mais tu vas revoir ton père et ta mère, qui
seront heureux de ton retour! »

Jean soupirait sans répondre.

On arriva en vue de Dieppe et le navire entra au port à la marée haute. De nombreux curieux envahissaient le quai.

« Je ne vois ni mon père ni ma mère, » se dit Jean, dont le cœur se serra.

Le navire amarré, Jean descendit à terre. Il marcha d'un pas rapide vers la maison d'Ango. C'était la première fois, depuis ses six années de navigation, qu'on ne venait pas au-devant de lui.

En approchant de la maison paternelle, sa tristesse augmentait et son pas se ralentissait. Enfin il fit un effort et il entra dans la maison.

Sa mère le reçut dans ses bras en fondant en larmes... Elle était en grand deuil.

« Mon père ! s'écria Jean en pâlissant.

— Il est mort en te bénissant ! répondit Louison entre deux sanglots.

— Oh ! dit Jean, c'est donc cela que j'étais si triste ! »

Son père était mort deux mois avant son retour.

Jean passa tout l'hiver auprès de sa mère, cherchant tous deux une consolation à leur douleur dans un épanchement réciproque.

L'été suivant, Cousin voulut retourner doubler la pointe d'Afrique et, de là, se rendre aux Indes. Il s'agissait de rapporter une charge d'ivoire, de diamants, d'émeraudes et de rubis de Ceylan. On embarqua à bord tout ce qu'il fallait pour opérer les échanges avec les indigènes.

Cousin, qui commandait pour la plus riche compagnie d'armateurs de Dieppe, fit nommer Jean son second.

« Ma mère, dit Jean en embrassant Louison au moment de monter en canot, c'est une fortune que je vais chercher là-bas, et je te la rapporterai. »

Le voyage, du départ à l'arrivée aux Indes, s'accomplit dans les meilleures conditions.

Après un séjour assez long, le navire, chargé de richesses, reprit la mer, se dirigeant vers le cap de Bonne-Espérance. Malheureusement, au retour, une maladie terrible et encore peu connue dans la marine attaqua l'équipage. C'était

le scorbut, causé sans doute par l'usage continu
des viandes salées et le manque absolu de nour-
riture fraîche.

Cousin, le commandant, fut un des premiers
atteints. Se croyant près de mourir, il fit venir
ses officiers et son équipage, et il transmit le
commandement du navire à Jean Ango.

La nef venait d'entrer dans le canal Mozam-
bique, et la nuit suivante une horrible tempête,
éclatant subitement, comme cela arrive dans ces
parages, faillit jeter le navire sur les roches de
la côte des Cafres, pays absolument inconnu, et
où ne s'était arrêté aucun bâtiment.

Jean fit preuve, dans cette circonstance,
d'une telle énergie et d'une telle précision que
l'équipage, décimé par la maladie, ne perdit pas
un instant l'espérance. Le navire fut sauvé.

Ces trois jours de tempête avaient complète-
ment guéri Cousin. Retrouvant toute son énergie en présence d'un danger imminent, il avait
quitté son hamac, et il était remonté sur le pont
le dernier jour.

En le voyant apparaître, Ango accourut vers

lui pour lui remettre le commandement; mais Cousin refusa.

« Tu as fait exactement ce que j'aurais fait, dit Cousin à son filleul ; continue. »

Quand le péril diminua, et que le calme commença à revenir, Cousin, dans un moment d'effusion, embrassa Ango, et, se tournant vers les matelots qui étaient groupés autour d'eux :

« Mes amis, dit-il, jusqu'à notre rentrée à Dieppe, je ne suis plus que passager sur ce navire ; Ango gardera le commandement. C'est la seule récompense que je puisse lui donner. Obéissez-lui comme vous m'avez toujours obéi. »

Des acclamations frénétiques accueillirent ces paroles. Le calme, la bravoure, la force d'âme et l'intelligence dont avait preuve ce jeune officier de vingt et un ans à peine lui avaient donné, en quelques heures, toute l'autorité d'un vieux loup de mer.

Pierre, le contremaître, avait le visage épanoui, et, se penchant vers Cousin :

« Dire que c'est mon élève et le vôtre, mon commandant ! » murmura-t-il.

L'ho meur insigne fait à Ango lui toucha le
cœur, mais ne lui troubla pas l'esprit ; il pensa
à tout et il veilla à tout.

Il y avait des avaries à réparer : une relâche
était nécessaire. La côte étant voisine, Jean la
suivit, dans l'espoir de rencontrer un abri na-
turel où il pût faire jeter l'ancre pour procéder
à la réparation du navire et pour envoyer chercher à terre de l'eau et des vivres frais, les
meilleurs remèdes pour combattre le scorbut.

La tempête avait cessé avec la nuit. Au moment où le soleil descendait à l'horizon, on arriva en vue d'une haute montagne s'avançant
dans la mer et y descendant à pic, avec un versant uni comme celui de Gibraltar.

« En doublant cette pointe, dit Ango, nous
entrerons dans une baie, et nous serons abrités,
par le rocher, des vents du sud-ouest et de
l'ouest. »

Ango, effectivement, ne se trompait pas;
mais il n'avait pas tout deviné.

L'autre versant de la montagne était la tête
d'une baie assez profonde et toute bordée de fo-

rêts magnifiques. Au fond de cette baie s'étalait en amphithéâtre, les pieds dans la mer, une ville d'une éblouissante beauté.

Cette ville, la capitale de la Cafrerie, qui n'avait pas encore été découverte, se nommait et se nomme encore aujourd'hui *Sofala*. C'était le grand entrepôt d'or et d'ivoire de cette partie de l'Afrique.

Averti de la richesse de cette ville, où la poudre d'or se vendait en tonneaux, Ango descendit à terre, et il fit des marchés avec les habitants.

Les Cafres préféraient de beaucoup à leurs tonnes d'or les vêtements européens; les échanges furent faciles, et les tonnes d'or, les défenses d'éléphants, les cornes de rhinocéros, les écailles de tortues colossales, les peaux de tigres s'entassèrent dans la caie du navire.

L'embarquement opéré, la nef réparée et l'équipage absolument guéri du scorbut, on reprit la mer. Il y avait encore quarante jours de route au moins pour arriver au port. Ango, qui avait étudié et adopté les principes d'hydrographie de l'abbé Descaliers, le vieux profes-

seur de Cousin, quitta les côtes et vogua en
pleine mer.

A la hauteur des rivages de Bretagne, et
comme elle allait arriver en vue de la terre
française, la nef dieppoise fit la rencontre d'un
vaisseau portugais armé, qui l'attaqua aussitôt.

« Rappelle-toi ton baptême, dit Cousin à
Ango, et tue le capitaine portugais avec l'épée
que tu n'as pas voulu me rendre. »

Cousin refusa de reprendre le commandement
dans cette circonstance grave; il se contenta
d'examiner tout, et il approuva tout. C'était la
première fois de sa vie que Jean Ango commandait un navire français en face d'un navire ennemi. Il se jura à lui-même de vaincre ou
de mourir.

Après un combat sanglant, le bâtiment portugais fut pris et emmené en remorque à Dieppe.
L'entrée de la nef, dont la cale craquait sous le
poids des tonnes d'or, des caisses de diamants,
de rubis, d'émeraudes, d'ivoire, fut un véritable triomphe.

Cousin avait trop de gloire à lui pour en

prendre aux autres. Il fut le premier à raconter tout ce qui s'était passé et à vanter le courage et l'héroïsme de son filleul.

Ango fut fêté par ses compatriotes, et sa réputation commença alors à se répandre.

Mme Ango ne se sentait plus vivre ; elle était inondée de joie : son orgueil maternel était satisfait. Jamais l'excellente femme n'eût pensé que la gloire qu'elle rêvait pour son fils pouvait arriver si rapidement.

Un jour, Cousin vint s'asseoir à la table où la mère et le fils lui faisaient toujours fête.

« Mon filleul, dit-il, j'ai fait tous mes comptes et tous les tiens avec mes armateurs. Je t'apporte quittance à signer. »

Il fouilla dans sa poche, et il y prit un grand portefeuille, qu'il ouvrit lentement :

« Eh ! ma commère, dit-il à Mme Daguay, qui était assise près de lui, qu'est-ce que vous pensez que notre petit Jean ait à toucher chez les armateurs ?

— Mais, fit Bernardine, je ne puis trop savoir.

— Bah ! dites toujours.

— Qu'as-tu à toucher ? reprit Mme Ango ; le sais-tu, Jean ?

— Je ne m'en doute pas, ma chère mère, répondit Jean en souriant.

— Eh bien ! je vais vous le dire, moi, » reprit Cousin.

Il étala sur la table des papiers et des parchemins couverts d'une écriture gigantesque.

« Tu as à toucher chez nos armateurs, mon garçon, la somme de trois cent cinquante-deux mille livres tournois. »

Louison et Bernardine ouvrirent de grands yeux avec une expression d'étonnement profond.

« Trois cent cinquante-deux mille livres tournois ! s'écria Ango en frappant sur la table. Et vous, mon commandant ?

— Tout autant.

— Pas plus ? dit Ango avec étonnement.

— J'ai accepté ma part de commandement jusqu'au jour où le scorbut m'a couché dans mon hamac. A partir de ce moment, j'ai exigé que ce fût à toi que l'on attribuât cette part.

— Mais, mon commandant...

— Pas un mot! je le veux! D'ailleurs, c'est ton parrain qui te parle.

— Mon Dieu! quelles richesses! » dit Mme Ango en joignant les mains.

A cette époque, l'argent avait dix fois la valeur qu'il a aujourd'hui. Trois cent cinquante-deux mille livres tournois font, en notre monnaie moderne, à peu près quatre cent quarante mille francs; ces quatre cent quarante mille francs du seizième siècle équivalaient à un million de francs de notre dix-neuvième siècle.

« Que vas-tu faire de ta fortune? demanda Bernardine à son filleul.

— Moi, répondit Jean, mon parti est pris et arrêté. Je laisserai à ma mère, pour vivre pendant que je n'y serai pas, cent cinquante-deux mille livres, et, avec les deux cent mille qui restent, j'envoie au diable les armateurs, et je me fais construire une nef à ma guise. M'approuvez-vous, parrain?

— De tout mon cœur, mon garçon ! »

Ango, dont la nature vive et décidée ne comprenait pas une longue attente, s'occupa aussitôt de réaliser son projet.

Huit mois après, sa nef était construite; tout le travail avait été exécuté sous sa surveillance, et il s'apprêta à prendre la mer.

Dans la vie de l'illustre marin, cette expédition, racontée plus haut, a été d'une énorme importance. C'est grâce à la somme considérable que son courage et le hasard heureux mirent à sa disposition qu'il put entrer dans la voie qui l'a conduit à la puissance.

Ayant un navire à lui, Ango décuplait ses chances de richesse et de succès.

V

LA GRANDE NEF « FRANÇOISE »

Ce fut au printemps de l'an de grâce 1512 qu'Ango entreprit son premier voyage sur sa nef, à laquelle il avait donné nom *la Triom- phante*.

Il fit, en quatre ans, cinq expéditions avec ce navire, et avec un tel succès qu'il quadrupla sa fortune.

En 1517, Ango, âgé à peine de vingt-huit ans, était le plus riche armateur de Dieppe, et possé- dait un chantier de construction et six navires.

Tout lui avait réussi et il commençait à comp- ter sa fortune par millions. Au reste, cette fortune

était bien placée, car il l'employait magnifique-
ment.

Deux ans plus tard, Ango, dont les bâtiments
commençaient à faire flotte, donna le commandement de deux de ses nefs, *la Pensée* et *le
Sacre,* à son ancien camarade d'enfance, Jean
Parmentier, et au frère de Jean, Raoul Parmentier.

Parmentier aborda d'abord à la Nouvelle-
France, puis il se rendit au Brésil, ainsi que le
lui avait indiqué Ango, qui voulait entrer en
commerce avec ce pays. En quittant le Brésil,
il fit voile vers la Guinée et se dirigea ensuite
vers les îles Saint-Laurent.

Ce fut en s'engageant dans la mer des Indes
plus loin que les autres navires ne s'étaient jamais risqués qu'il découvrit la magnifique île de
Sumatra[1], ce qui augmenta encore la fortune
d'Ango.

A cette époque où nous sommes arrivés, et
où Dieppe était dans tout l'éclat de sa puissance,

[1]. En 1530, Jean Parmentier et son frère Raoul, qui
étaient établis à Sumatra, moururent dans le même mois
de la fièvre.

la ville du Havre commençait à s'élever autour
de son port à demi creusé.

François I⁰ʳ régnait depuis quatre années et
se préparait à la guerre avec l'Angleterre,
guerre que Henri VIII, au reste, désirait autant que lui. Depuis deux siècles florissaient
Harfleur et le port de l'Eure ; mais ni Harfleur
ni l'Eure n'offraient à l'embouchure de la Seine
un obstacle sérieux aux invasions anglaises.

Un manuscrit, les *Annales du commerce
d'Abbeville,* a conservé la liste des ports de Normandie et de Picardie au quinzième siècle :
l'Eure, Dieppe, Caen, Abbeville, Boulogne, La
Hogue, Estappes, Barefleu (Barfleúr), Harfleu
(Harfleur), la Bée-de-Vire, Roen (Rouen), El-
trutat (Étretat), Honnefleu (Honfleur), Ton-
gues (Touques), Chierebourg, Pont-Audemer,
Saint-Valery, le Chief-de-Caux, Wauban, Cau-
debec, Fécamp, Saint-Savinien, Calais. En 1340,
chacun de ces ports fournit à Philippe de Na-
varre la flotte qui fut si fort déconfite devant
l'Écluse.

François I⁰ʳ, inquiet de la facilité d'entrée que
l'embouchure de la Seine offrait aux navires

6

anglais, envoya, à son retour de l'heureuse
expédition milanaise, un de ses serviteurs dé-
voués visiter le littoral et surtout cette magnifique plage dont l'existence, derrière l'Eure, lui
avait été signalée.

Le rapport fait à Sa Majesté portait que le
vaste emplacement à l'embouchure de la Seine
était le plus propre à recevoir non seulement
des fortifications « à l'encontre des Anglais,
mais une ville et havre pour traduire et trans-
porter par eau plus aisément toutes sortes de
marchandises en la ville de Rouen et aux villes
d'amont, comme Paris et autres bonnes villes ».

L'édification de la ville fut résolue, et François I⁰ʳ confia les travaux à messire Guion-le-
Roy, chevalier, sieur du Chaillou, qu'il nomma
le premier capitaine de ladite ville de Grâce, à
laquelle il donna pour armes ses propres armoi-
ries, une salamandre avec la devise : *Nutrio et
exstinguo.*

Le flux et le reflux incessant de la mer rendi-
rent longs et pénibles les travaux préparatoires
de consolidation du sol.

Ces premières difficultés aplanies, la ville

continua à s'élever comme par enchantement,
et tout semblait promettre une prospérité prochaine, quand, dans la nuit du 17 mars 1516,
une marée monta à une telle hauteur, qu'elle en-
vahit la plage et détruisit tout sous ses puis-
santes vagues.

La population, effrayée, se sauva sur la montagne d'Ingouville.

Cette marée, qui fut appelée la *male marée*,
avait envahi tous les fossés et s'était étendue à
plus d'une lieue dans l'intérieur des terres. Ce
fut le premier événemen᷒ ᷒ui figura dans les annales de la ville nouvelle, et, chaque année,
dans la suite, on célébra solennellement, en
l'église Notre-Dame, une grand'messe pour
l'âme des trépassés dans la triste et funeste nuit
de la *male marée*.

Le danger passé, les constructions furent
reprises avec une nouvelle ardeur.

En 1525, la ville étant à peu près terminée,
François I⁰ʳ déclara qu'il la visiterait l'été suivant. C'est à cause de cette visite du roi de France
que les relations s'établirent entre François I⁰ʳ et
le grand armateur de Dieppe. Et voici comment:

Ango, dont la richesse était devenue colossale et qui se donnait le luxe de contenter toutes
ses fantaisies, eut l'idée de faire construire une
nef comme on n'en avait jamais vu. Il était très
lié avec un sieur Lespagne, capitaine, gentil-
homme du pays de Bretagne, qui s'occupait fort
de constructions navales.

Ango lui communiqua son idée, en lui offrant
l'argent pour l'exécuter, et il ajouta :

« Cette nef tirerait trop d'eau pour notre
port de Dieppe. Il faut la construire dans le
bassin du Havre, et aire tous les efforts pour
qu'elle soit prête à prendre la mer quand Sa Majesté viendra rendre visite à la nouvelle ville. »

Lespagne accepta avec empressement, et,
guidé par Ango, il commença ses travaux dans
les chantiers du Havre de Grâce.

Ce bâtiment fut construit dans le délai con-
venu : Ango avait prodigué les livres tournois
pour réussir à temps.

C'était une monstrueuse machine que ce bâtiment, qui avait pour nom *la Grande Nef Françoise*. La coque jaugeait 2,000 tonneaux et elle

Le lancement de *la Grande Nef Françoise.*

portait trois rangs de sabords. Dans son intérieur on avait établi une chapelle assez vaste
pour contenir plus de trois cents fidèles. Il y
avait pour distraction des jeux de toutes sortes
et même un grand jeu de paume.

A l'avant du navire, dans l'entrepont, on avait
établi une grande forge. A la naissance du beaupré se dressait un moulin à vent, et sur le tillac,
à l'arrière, une grande maison en bois, fort ha-
bitable et construite avec un art infini.

Ce navire avait quatre mâts et un beaupré,
un hunier aux deux grands mâts, ainsi qu'un
grand pacfi (sorte de basse voile) et une voile
de perroquet ; les deux mâts de l'arrière portaient une voile latine.

En 1529, François Ier, lassé de la guerre,
ne s'occupa que de l'embellissement de son
royaume et de la propagation des beaux-arts.
Un des premiers voyages qu'il fit à cette époque
dans ses provinces fut celui de la Normandie.
Il avait le désir de voir le Havre.

Après avoir visité Rouen, où il fut royale-
ment reçu, il prit la route du nouveau port, en-
touré d'une escorte éblouissante de richesse et

de noblesse. Tous ceux du Havre, auxquels s'étaient joints ceux de Harfleur, de Honfleur, de Fécamp et de Dieppe, et à la tête desquels était Jean Ango, vinrent au-devant du roi.

L'entrée fut pompeuse. François traversa la ville et vint à la tête du port où se dressait la grosse tour qui avait reçu son nom, puis il se dirigea vers le bassin de l'Eure, où trônait la colossale nef.

Ango et Lespagne avaient précédé le roi, pour le recevoir et lui faire les honneurs.

A l'arrivée de François Ier, tous les canons de la nef le saluèrent. François Ier était émerveillé de ce qu'il voyait. Il monta sur le pont, et, quand il eut tout visité, tout minutieusement examiné, se faisant expliquer ce qu'il ne comprenait pas tout d'abord dans cette construction, il s'écria avec cette grâce d'expression qui faisait de lui l'homme le plus aimable de son royaume :

« C'est une merveilleuse féerie que cette création nouvelle de nef. Elle est si bien gréée, si bien équipée, si bien parachevée et si disposée à prendre la mer que je veux assister à sa

sortie du port. J'enverrai ce beau vaisseau en
Orient pour faire tête au Grand Turc. »

Le lendemain, on fit sortir *la Grande Nef
Françoise* du bassin de l'Eure, où elle avait
été mise sur chantier. Il fallut deux marées
pour l'amener jusqu'au bout de la jetée, qui
existait alors là où se dressait la tour de François Ier. Mais, comme les jours suivants les
marées ne furent pas assez fortes pour permettre à l'énorme navire d'appareiller et de
prendre le large, on dut le ramener par pru-
dence au saut de la grande barre[1].

1. Ce grand navire, dont l'audacieuse construction fut
en quelque sorte le prélude des formidables vaisseaux de
guerre du siècle de Louis XIV, n'eut pas un sort heureux.
Il ne put jamais prendre la mer.

On fut contraint de le garder en bassin jusqu'au mois de
novembre, dans l'espoir que la marée haute pourrait lui
permettre de sortir; mais, pendant la nuit de Saint-Clé-
ment, une horrible tempête éclata sur le Havre, à *grande
tourmente et impétuosité du vent,* disent les Mémoires du
sieur maistre Guillaume de Marceilles. La nef, tournée
et accotée sur un de ses flancs, fut tellement immergée
qu'on ne put la redresser. Tout espoir de tirer parti de
cette colossale construction fut perdu. On dut se résigner
à la démolir, et on bâtit; avec ses débris, la plupart des
maisons de ce quartier des *Barres,* qui existe encore, et
où sont établis les chantiers de construction.

Le désir du roi n'avait pu être satisfait, mais son admiration n'était] pas moins vive ni son contentement moins grand.

« Maître Ango, mon fidèle sujet, dit-il, quelle récompense doit être vôtre ?

— Sire, répondit l'armateur, je n'ai qu'une récompense à demander à Votre Majesté, mais celle-là sera grande.

— Laquelle ?

— Que le roi vienne visiter mes navires à Dieppe, et qu'il m'honore de la gloire immense de le recevoir dans ma demeure; je serai au comble de mes vœux.

— Je vous promets de vous rendre visite, maître Ango, dit le roi, et cela prochainement. »

François Iᵉʳ tint parole : un mois après son départ du Havre de Grâce, il fit prévenir Ango de sa prochaine arrivée à Dieppe.

VI

LA VISITE DU ROI

Ango, dont les caves regorgeaient de tonnes d'or, de diamants, de pierres précieuses, Ango puisa à pleines mains dans ces immenses richesses pour faire accueil royal au grand souverain qui allait l'honorer de sa présence.

La maison d'Ango, à Dieppe, était une merveille de beauté et de richesse : toutes les parties du monde avaient contribué à l'embellir. Cette maison occupait la place qu'occupe aujourd'hui le collège communal de la ville, qui a succédé au collège des Oratoriens.

La rue Ango qui, prenant naissance rue Aguado et débouchant sur le quai Henri IV, fait communiquer la place avec le port, était autrefois la grande entrée du palais de l'armateur.

La maison Ango avait quatre façades, toutes les quatre en bois de chêne sculpté par les meilleurs artistes.

Les sujets de ces sculptures étaient des scènes de voyage, des combats entre les Normands et les Anglais, des cités de l'Afrique ou des Indes, et, sur le côté regardant la ville, les Fables d'Ésope étaient représentées.

La première de ces façades donnait sur le port, la seconde sur la rue, la troisième sur la plage, et la quatrième sur les immenses chantiers de construction qu'avait fait établir le célèbre marin.

La vue s'étendait donc sur l'Océan, sur le port, sur les falaises et sur la vallée d'Arques.

Les jardins étaient pittoresquement plantés, garnis de pavillons et de fontaines aux eaux jaillissantes.

Le luxe et le faste de l'intérieur de cette demeure tenaient du prodige. Il y avait là, pour décorations et pour ornements, toutes les ri-

Château de Varengeville.

chesses manufacturières de l'Inde. La vaisselle
d'argent, ciselée par le burin italien, surchar-
geait les étagères des buffets d'ébène ; les ta-
bleaux des grands maîtres couvraient les murailles ; des trophées d'armes constatant les
triomphes des nefs garnissaient les galeries, et
les étoffes de la Turquie et du golfe Persique
servaient de draperies et de rideaux.

Ce magnifique palais, que l'on admirait encore au dix-septième siècle, et qui a été détruit
par le bombardement de 1694, était la résidence
d'hiver du célèbre armateur. Il avait, pour résidence d'été, le château de Varengeville.

Varengeville, situé à courte distance de
Dieppe, du côté de la vallée de la Saane, passait alors et passe encore aujourd'hui pour le
plus beau village de toute la Normandie.

La route, bordée de haies vives, a des échap-
pées de vue sur les plaines en culture, sur les
vallons luxuriants, sur les gorges profondes qui
descendent jusqu'à la mer, et sur les dunes escar-
pées du haut desquelles on découvre les falaises
de la côte, dont la chaîne fuit, en s'amoindrissant,
vers le nord jusqu'à l'embouchure de la Somme.

L'église de Varengeville est plantée en haut
de la falaise, à l'extrémité du village, dont la
longueur, considérablement augmentée par les
enceintes successives des habitations bordées
de haies, est de plus d'une lieue.

Le dimanche, c'est donc une longue prome-
nade à parcourir pour se rendre à la messe ;
aussi la légende raconte-t-elle que jadis les habitants, fatigués d'aller assister au service divin
si loin du centre du village, avaient résolu de
démolir l'église et d'en rebâtir une autre avec
les matériaux de l'ancienne.

Ce qui fut dit fut fait.

La nouvelle église construite, cette fois, au
centre du village, les habitants se disposèrent
à assister à la première messe le lendemain,
qui était un dimanche ; mais ce lendemain,
quand tous arrivèrent, quel étonnement étrange
se peignit sur leur physionomie ! L'église nouvelle avait disparu, et l'ancienne église démolie
se dressait, reconstruite, en haut de la falaise.

C'était saint Valery, le patron de l'église,
qui, préférant sans doute rester au bord de la
mer, et jugeant, en outre, qu'il fallait punir la

paresse des paroissiens, avait démoli la nouvelle et rebâti l'ancienne.

Depuis ce temps, les habitants de Varenge-ville avaient renoncé à leur projet, et l'espace où avait été construite la seconde église étant libre et désert, Ango l'avait acheté pour y cons-truire son château d'été.

Ce manoir, splendidement orné, dominait la falaise et s'apercevait de tous les points de la côte. Une haute tourelle, placée au centre des bâtiments, permettait de découvrir un horizon sans fin. C'était sur la terrasse de cette tourelle qu'Ango se plaçait pour reconnaître ses vais-seaux au retour de leurs expéditions lointaines.

Tous les ornements intérieurs de ce château d'été provenaient de l'Inde. Quatre navires avaient fait le voyage pour aller acheter l'ameu-blement.

La réputation du château de Varengeville était alors européenne, comme l'était celle de son châtelain.

Ce riche manoir, détruit en partie, est aujour-d'hui une ferme. On admire encore cependant

7

les ornements capricieux des fenêtres, une élé-
gante galerie, des médaillons appliqués contre
les murailles et représentant des figures d'hommes et de femmes; mais les salles antiques jadis
si coquettement ornées sont devenues des
granges et des bergeries.

A l'époque où le roi François Ier fit annoncer
son arrivée, le manoir de Varengeville, comme
le palais de Dieppe, était dans tout l'éclat de sa
splendeur.

Un matin, un des courriers placés sur la route
de Paris, de distance en distance, entra au ga-
lop dans la ville de Dieppe, et, s'arrêtant dans
la cour du palais Ango, il cria à tue-tête, en
agitant son écharpe :

« Vive le roi ! le roi vient ! »

Depuis dix jours toute la ville attendait anxieu-
sement l'arrivée du roi, et l'annonce de cette arrivée, jetée par la voix du courrier, et passant
rapidement de bouche en bouche, détermina
un élan d'enthousiasme du faubourg du Pollet
à la Cantle-Côte. Des milliers de cris joyeux
montèrent dans les airs, et, toutes les portes
des maisons s'ouvrant à la fois, la foule des ha-

Vue du château de Dieppe.

bitants de Dieppe se rua dans les rues et sur les quais.

Les tambours battirent et les trompettes sonnèrent, tandis que les sonneurs se préparaient à mettre les cloches en volée dès que le signal de l'apparition du cortège royal serait donné.

Tout était prêt pour recevoir le roi de France. Les arcs de triomphe en fleurs et en feuillages formaient berceaux aux abords de la porte de la Barre, par laquelle François Ier devait entrer. En un clin d'œil toutes les façades des maisons furent décorées et garnies de guirlandes.

Les autorités se mirent en marche, le prévôt portant, sur un grand plat d'argent, les clefs de la ville, et suivi de tous ses officiers civils.

Ango, à la tête de tous les armateurs et de tous les marins, marchait à la suite du prévôt.

Les plus belles filles de Dieppe, vêtues de leur plus riche et plus gracieux costume de fête, formaient une succession de groupes autour de grandes corbeilles de fleurs placées sur le passage du roi.

Bientôt le cortège royal apparut et François Ier fit son entrée dans la ville au milieu d'acclamations qui semblèrent le toucher profondément.

François Ier reçut dans la riche maison d'Ango l'hospitalité la plus fastueuse, et il passa huit jours au milieu des fêtes les plus brillantes.

Le veille du jour même où le roi devait quitter Dieppe, une nouvelle arriva à Ango, nouvelle qui détermina dans sa vie un fait unique et sans exemple.

Il apprit que des navires de guerre portugais, ayant rencontré dans la mer des Indes cinq vaisseaux lui appartenant, à lui, Ango, les avaient pillés, incendiés et coulés.

Quand il communiqua cette nouvelle désastreuse au roi, François Ier fut indigné.

« J'enverrai demander justice à la cour de Portugal, dit-il avec colère.

— Sire, dit Ango, laissez-moi aller moi-même à Lisbonne.

— Vous ? reprit le roi étonné, et pourquoi ?

— Pour me faire justice.

— Tout seul ?

— Avec ma flotte. »

Le roi sourit.

« Faites, maître Ango ! dit-il. Cette affaire avec le roi de Portugal est plus la vôtre que la mienne. Entendez-vous tous deux, et traitez de puissance à puissance. »

Le soir de ce mémorable jour, François Ier fit envoyer à son hôte, par son grand chancelier, qui l'avait accompagné, deux titres, l'un érigeant en *vicomté* la terre de Varengeville, et l'autre nommant Ango *capitaine commandant* de la place de Dieppe.

L'orgueil de l'armateur était justement satis-fait : car si le roi de France récompensait son serviteur, il ne faisait qu'acquitter une dette du pays envers un de ses bienfaiteurs.

Le lendemain, le roi quitta Dieppe en promet-tant à Ango de ne jamais l'oublier, et il ajouta que, quand il aurait besoin du dévouement d'un sujet fidèle, il s'adresserait à lui avant tout autre.

Nous verrons bientôt comment le roi tint parole.

VII

LA FLOTTE D'ANGO

Il y a dans la vie d'Ango une époque étrange et qu'on ne retrouve dans aucune autre histoire : un bourgeois faisant franchement la guerre à un roi puissant.

Depuis la nouvelle reçue de la perte de ses cinq navires et de leur pillage, Ango ne rêvait plus que deux choses : avoir justice ou se la faire.

Il envoya à Lisbonne pour demander la punition de ceux qui avaient pillé et coulé ses navires. La réponse fut plus qu'évasive, et la cour regarda cette démarche comme une mauvaise plaisanterie.

Ango, furieux, prit un parti d'une violence
extrême.

« On ne_veut pas m'indemniser de mes per-
tes ! dit-il. Corbleu ! je m'indemniserai moi-
même et plus largement que ne le ferait l'admi-
nistration portugaise. Ah ! ils ont osé me couler
et me prendre des navires ! ils sauront ce que
cela leur coûtera. »

Ango réunit toutes les nefs lui appartenant,
et qui étaient au port ou dans les ports voisins ;
il les arma, et les transforma en vaisseaux de
guerre.

En deux mois, après un travail assidu, la flottille fut organisée et prête à prendre la mer. Rien
ne manquait pour soutenir de rudes combats :
armes, projectiles, munitions, poudre ; de plus,
Ango avait embarqué sur ses nefs huit cents vo-
lontaires, tous hommes déterminés et braves, et
excellents pour un coup de main.

Dans les derniers jours de janvier 1530, la flottille, commandée par Ango, quitta Dieppe par
un vent favorable, et mit le cap sur l'Espagne.

En douze jours, la distance fut franchie, et le

8 février, au lever du soleil et en pleine marée haute, la flottille franchit bravement la barre du Tage, et vint bloquer le port de Lisbonne.

Prenant ses dispositions avec une habileté de véritable homme de guerre, Ango se rendit maître à la fois de l'embouchure du Tage et des deux rives du fleuve.

En quinze jours de blocus, il s'empara de six vaisseaux portugais, et il pilla tout le pays sur les deux rives. Ce n'était pas suffisant pour satisfaire Ango ; il ne songea pas à reprendre la mer, il songea à bombarder Lisbonne. Malheureusement, les projectiles lui faisaient défaut pour anéantir la capitale du Portugal. Ne pouvant la détruire, il la pilla ; mais il la pilla une nuit avec un tel entrain, une telle audace, une telle entente, que pas un Dieppois ne fut seulement blessé gravement, et qu'au jour les canots de la flottille retournèrent à leur bord chargés de butin.

Huit autres navires portugais furent coulés pendant les quinze jours suivants.

Le roi de Portugal était stupéfié de cette attaque imprévue. Inquiet, étonné de se trouver subitement en guerre avec la France et sans au-

cune déclaration officielle, il dépêcha un ambassadeur vers le roi François Ier, pour lui demander
une explication et pour faire cesser surtout un
état de choses dont Lisbonne et sa marine avaient
à souffrir cruellement.

Après un mois de pillage et de prises, Ango
était retourné triomphant à Dieppe, et, laissant
sa flottille sous le commandement de son second,
dans la même position, à l'embouchure du Tage,
il continuait à bloquer hermétiquement Lisbonne, dont la gêne et l'inquiétude augmentaient
de jour en jour.

Tandis qu'Ango rentrait à Dieppe, où la nouvelle de son magnifique succès l'avait précédé,
l'ambassadeur portugais arrivait à Paris.

Sa venue fit sourire : car on savait à la cour
ce qu'avait fait Ango, et l'expédition de l'armateur dieppois l'avait rendu si célèbre que les mo-
des nouvelles prirent son nom et que les femmes
portaient des corsages à grandes pointes nom-
més *corps d'Ango*.

L'ambassadeur du roi de Portugal demanda
solennellement audience à S. M. le roi de
France. Cette audience lui fut accordée, et elle

eut lieu suivant les plus strictes lois de l'éti-
quette.

Toute la cour était assemblée. Chacun se demandait en souriant ce qu'allait répondre François Ier.

Après les trois saluts d'usage, l'ambassadeur,
prenant la parole, demanda au nom du roi
son maître ce que signifiaient cette attaque
et ce blocus de Lisbonne par une flotte française.

Quand l'ambassadeur eut achevé, François Ier
répondit qu'il n'avait donné aucun ordre à sa
marine d'attaquer la capitale de son frère de
Portugal, et que les nefs qui bloquaient Lisbonne
ne devaient pas appartenir à la marine royale.

L'ambassadeur reprit la parole en disant
qu'effectivement les navires qui bloquaient Lisbonne n'appartenaient pas à la marine du roi,
mais à un simple particulier, armateur de
Dieppe.

« Ah! fit François Ier au milieu d'un silence
général, c'est du vicomte Ango que vous voulez
parler ? »

L'ambassadeur s'inclina profondément en signe affirmatif.

« Celui, continua le roi, auquel des navires portugais, sans cependant être non plus en guerre avec moi, ont pillé et coulé, dans la mer des Indes, cinq navires portant le pavillon de France ? »

L'ambassadeur parut légèrement embarrassé.

« Vous voyez que je suis bien informé ? dit le roi. Dans cette affaire première entre le Portugal et Ango, je ne me suis mêlé de rien : je vous ai laissé faire. Pour être juste, je dois, dans cette seconde affaire entre Ango et le Portugal, ne me mêler non plus de rien ; je le laisserai faire !

— Mais, Sire, voulut faire observer l'ambassadeur.

— Je n'ai plus à vous écouter, interrompit le roi. C'est une guerre entre le Portugal et Ango, allez vous entendre avec Ango. Lui seul peut traiter ! »

L'ambassadeur, congédié et comprenant le ridicule de sa situation, était fort embarrassé de

ce qu'il devait faire. Une dépêche qu'il reçut de
Lisbonne lui ordonnait de terminer à tout prix ;
cette pénible situation de blocus ne pouvait durer
plus longtemps.

Il n'y avait plus à hésiter : l'ambassadeur se
rendit à Dieppe, où il dut traiter avec Ango.
L'armateur exigea une large indemnité, et, l'indemnité payée, il fit revenir sa flotte.

Cette guerre soutenue par un homme seul
contre un royaume, ce fait unique dans l'histoire
attira sur Ango l'attention de toutes les puis-
sances européennes. Son nom était dans toutes
les bouches. A la cour de France surtout, la
renommée d'Ango grandissait chaque jour.

Sa bravoure, son audace, sa hardiesse, sa
richesse immense, sa grandeur d'âme, sa générosité, dont on racontait mille traits, faisaient
de l'armateur de Dieppe un véritable personnage
fantastique.

« Ango ! disait-on sur tous les tons et dans
toutes les réunions. Quand verrons-nous Ango ? Quand donc viendra Ango ? »

C'était souvent en présence de François Ier

que l'on émettait ce désir. Le roi souriait fine-
ment et ne répondait pas.

Un soir, il y avait grand bal paré dans les
salons du Louvre. Au moment où la foule des
invités, seigneurs, grandes dames et ambas-
sadeurs était compacte et pressée, la porte de
la salle du Trône s'ouvrit, et un homme haut
de taille, beau de visage, à l'expression énergique, au maintien assuré, recouvert d'un costume d'une richesse inouïe, apparut sur le
seuil.

Le page de service s'effaça pour le laisser passer, en criant :

« Le capitaine Ango, vicomte de Varengeville ! »

L'effet de ce nom causa une émotion soudaine.
Tous s'arrêtèrent et les regards se tournèrent
vers le nouveau venu.

Ango, avec l'assurance d'un homme qui sent
sa force, s'avança en droite ligne, et sans hésiter, vers le fauteuil sur lequel le roi de France
était assis. Quand il arriva à quelques pas du
trône, il s'inclina profondément :

« Vive Dieu! Ango, dit François en souriant, vous êtes de parole.

— Sire, répondit l'armateur avec un nouveau salut, Votre Majesté m'a envoyé l'ordre d'être à Paris ce soir et d'entrer dans la salle du Trône à cette heure. J'ai obéi. »

La surprise de sa présence en augmenta encore le charme, et l'arrivée d'Ango à Paris fut un véritable succès.

Étalant au milieu de ce monde élégant toute son éblouissante richesse, Ango jeta l'or à pleines mains pendant ce séjour, où il fut accueilli, fêté et caressé par tous. Plus d'un grand seigneur puisa dans la caisse que la générosité fastueuse du capitaine commandant de Dieppe laissa ouverte.

François Ier se montra d'une grande amabilité pour l'armateur de Dieppe, si aimable même, qu'il lui fit un jour la confidence que le trésor de la couronne avait besoin d'une somme de quatre millions de livres tournois.

Ango répondit que, dans un délai de huit jours, cette somme serait versée au trésor

8

de la couronne, et il tint sa parole comme
le roi avait tenu la sienne, en disant à l'armateur qu'il ne l'oublierait jamais quand il
aurait besoin du dévouement d'un sujet
fidèle.

VIII

LA CHUTE

Dans la vie des hommes dont l'existence a dominé celle des autres, il y a toujours des oppositions violentes de bien et de mal, de bonheur et de malheur, de réussite et de chute, de triomphe et de décadence. Rien n'est stable dans la grandeur humaine : on monte, on monte... jusqu'au jour où l'on tombe.

Comme tant d'autres qui ont vécu dans des conditions exceptionnelles, Ango qui, de sa naissance à l'âge mûr, avait suivi sans faux pas la pente ascendante, Ango, la crête franchie, tomba violemment dans l'abîme.

C'était en 1542, cette année où la guerre in-

cessante de François Ier et de Charles-Quint reprit avec plus d'acharnement et de violence.
Ango, peut-être étourdi par cette réussite con-
tinuelle de toutes ses opérations et ne doutant
de rien, voulait augmenter encore sa puissance
et sa fortune, non pas par avarice, mais par
unique désir d'être plus grand.

Il avait vingt-trois nefs éparpillées sur l'Océan,
et dans cette année 1542, les deux tiers de sa
flotte furent détruits. Sept nefs furent prises ou
coulées par les navires espagnols, et huit pé-
rirent en vue de Dieppe, sombrant sous la violence d'une tempête effrayante, au moment où
elles allaient rentrer chargées de richesses.

Cette tempête, pendant laquelle la marée
s'éleva à une hauteur inconnue, ruina non seulement le port de Dieppe, mais aussi ses quartiers
maritimes. La population effrayée, épouvantée,
s'était enfuie dans les plaines, tandis que les
maisons construites près de la plage ou à la tête
des ports s'écroulaient, sapées dans leurs fon-
dements par les vagues furieuses.

Cette marée, résultat de la tempête, fut appelée la *male marée,* comme celle qui avait ruiné le

Havre vingt-six ans auparavant. En commémo-
ration de cet événement qui désola les côtes, il
se fit pendant longues années, à Dieppe comme
au Havre, le jour de la Saint-Maur (anniversaire
du désastre), une procession annuelle. On célé-
brait aussi dans les églises une grand'messe pour
l'âme des trépassés dans cette nuit de malheur.

Ango avait vu sombrer ses nefs, toutes reve-
nant d'un voyage en Amérique. Cette perte effrayante le frappa cruellement.

Ce ne fut pas tout : quatre armateurs de
Dieppe et deux armateurs du Havre, qui étaient
en relations d'affaires avec Ango, et qui lui étaient
redevables de sommes très fortes, furent dans
l'impossibilité de tenir leurs engagements. Cette
tempête les avait ruinés aussi.

Ango, effrayé de tous ces terribles malheurs,
courut à Paris demander au roi le rembourse-
ment des quatre millions de livres tournois dont
il avait fait prêt au trésor de la couronne.

Malheureusement, à cette époque, les frais de
la guerre incessante contre l'empereur et les
goûts insatiablement ruineux de la cour avaient
mis à vide les caisses de l'État.

La demande d'Ango resta infructueuse.

Après six mois de tentatives inutiles, Ango retourna à Dieppe ; sa ruine était complète. Il vendit tout ce qu'il avait, et il paya tout ce qu'il put payer. Puis il quitta son habitation splendide.

Ce palais de l'armateur, qui, en 1670, racontent des écrivains de l'époque, était encore assez bien conservé pour exciter l'admiration des visiteurs, fut incendié au bombardement de 1694.

Ses restes sont devenus le collège municipal de la ville, ancien collège des Oratoriens, qui fut bâti sur l'emplacement qu'il occupait. Peu ou pas un, parmi ceux qui passent chaque jour sur le quai Henri IV et traversent la rue Ango, ne connaissent la tradition de cette métamorphose.

Après cette succession de désastres, il y a un vide dans la vie d'Ango. Historiquement parlant, le célèbre armateur mourut en cette année fatale de 1542 à 1543 ; car aucune biographie, aucune légende, aucun livre ne raconte les dernières années du célèbre marin.

« ... L'argent prêté au roi n'ayant pas été restitué, Ango mourut dans la misère. »

C'est le seul renseignement donné, l'unique
phrase écrite sur la fin douloureuse d'un homme
qui, durant les cinquante-trois premières années
de son existence, n'a connu que la réussite, le
bonheur et la gloire.

Tout ce que j'ai pu apprendre dans mes
recherches, c'est qu'Ango, poursuivi par des
créanciers inexorables, chassé de son château
de Varengeville, quitta Dieppe à la fin de l'année 1543, et se retira du côté du Tréport. Il s'ins-
talla dans une humble cabane et il vécut du pro-
duit de sa pêche.

Il ne quitta jamais cette retraite et il ne consentit jamais à recevoir une visite. Il s'isola avec
un tel acharnement qu'il fut oublié.

Il vécut ainsi huit ans, puis il mourut en 1551
de chagrin et de misère, dans la soixante-
deuxième année de son existence.

En mourant, Ango laissa, écrite sur parche-
min, l'expression de sa dernière volonté : c'était
d'être enterré à Dieppe. Cette volonté suprême
fut respectée.

Le corps de celui qui avait été pour sa patrie, durant de longues années, une gloire et une puissance, fut transporté dans l'église Saint-Jacques.

La chapelle Ango est à droite du chœur. Le tombeau, qui était recouvert jadis d'une grande pierre bleue sculptée, a disparu sous le pavé moderne.

C'est là tout ce qui reste d'Ango.

Le plus regrettable, c'est qu'aucun document ne permet de connaître les détails de la vie si intéressante de cet homme.

Ango a-t-il été marié? A-t-il eu des enfants?

Cela est probable; mais dans aucun livre on ne parle de son mariage.

Je n'ai pas pu, dans mes recherches nombreuses, trouver un renseignement à cet égard.

Dans les premières années du dix-septième siècle, vers 1610, il y avait à Caen un poète renommé, du nom de Robert Ango. On a de lui : le *Prélude poétique* (Gilles Robinot, 1603) et les *Nouveaux Satyres et Exercices gaillards de ce temps, en neuf satyres, aux quels est ajouté l'Uranie et Muse céleste* (Rouen, 1637, in-12. — Michel Lallement).

Ce Robert Ango était-il un descendant de Jean Ango ? Rien ne le prouve, rien ne prouve le contraire.

Si la destruction complète de la bibliothèque de Dieppe n'avait pas eu lieu, si tous les manuscrits et tous les documents précieux n'avaient pas été dévorés par les flammes, nous aurions, certes, aujourd'hui des détails beaucoup plus précis sur cette époque et sur cette vie si remplie d'intérêt.

Toujours est-il qu'Ango a laissé dans l'histoire un nom célèbre, qu'il a rendu à la marine française de très grands services, et qu'il a contribué puissamment à la création de nos colonies et à l'établissement de nos relations avec les nouvelles terres découvertes.

Ango n'a pas été abattu par la main des hommes, il a succombé sous la puissance de la nature ; il a fallu une tempête pour détruire ce géant.

FIN

TABLE DES MATIÈRES

SOCIÉTÉ ANONYME D'IMPRIMERIE DE VILLEFRANCHE-DE-ROUERGUE
Jules Bardoux, directeur.

Original en couleur

NF Z 43-120-8

APPORT

19

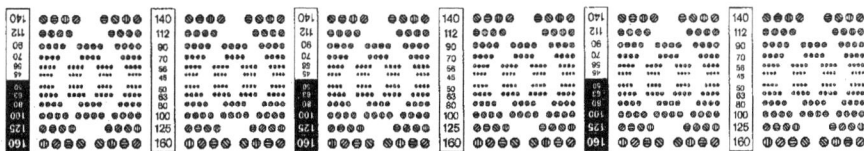

1   10

www.ingramcontent.com/pod-product-compliance
Lightning Source LLC
Chambersburg PA
CBHW060206100426
42744CB00007B/1183